# AUX FRONTIÈRES DU RÉEL

## COMPRESSIONS

## AUX FRONTIÈRES DU RÉEL

# AUX FRONTIÈRES DU RÉEL

## COMPRESSIONS
un roman de Ellen Steiber

D'après les séries télévisées
« Aux frontières du réel » créées par Chris Carter
D'après un scénario de Glen Morgan
et James Wong

Traduit de l'américain par M.C. Caillava

Éditions J'ai lu

A Mimi Panitch,
Terry Windling et Tania Yatskievych,
intrépides compagnons d'aventures et amis fidèles.

Titre original :
SQUEEZE
Published by arrangement with HarperCollinsChildren'sBooks,
a division of HarperCollinsPublishers, Inc.

Pour la traduction française :
© Éditions J'ai lu 1996

# CHAPITRE 1

Sept heures et demie. Le soleil rouge sang se couchait sur Baltimore. Dans les rues, des milliers de personnes se hâtaient de rentrer chez elles après une dure journée de travail.

Des milliers de personnes, mais pas George Usher, un homme d'affaires d'une cinquantaine d'années. Il retournait à son bureau pour y passer la soirée à travailler sur un dossier urgent. Et cela était loin de lui plaire.

George sortit de l'ascenseur au quinzième étage. Il soupira. Des rangées de tables de travail s'étendaient devant lui dans la grande salle. Les lumières des couloirs étaient éteintes. On ne voyait que la lueur des veilleuses et les signes SORTIE DE SECOURS qui brillaient d'un éclat phosphorescent irréel.

Tout paraissait différent la nuit. Effrayant, même. Mais non, se dit George, la sécurité dans cet immeuble de bureaux est maximale. Personne ne peut entrer ici à moins de montrer son badge!

L'atmosphère était tout de même pesante.

Usher se dirigea vers son bureau personnel, alluma la lumière et composa un numéro sur le téléphone. Il entendit le déclic d'un répondeur se mettant en marche, puis la voix de sa femme demandant de bien vouloir laisser un message après le bip sonore.

— Bonsoir mon chou, dit George. Il est sept heures et demie et j'ai comme l'impression que je vais devoir passer la soirée à boulonner. La réunion ne s'est pas déroulée comme prévu. Appelle-moi. Je t'aime, bye-bye.

Usher raccrocha et s'apprêta à sortir dans le couloir. Il s'aperçut soudain qu'il grelottait... de peur.

Un café, se dit-il. Un café va me faire du bien!

Il prit sa tasse et commença à avancer en direction de la machine à café située à l'autre bout du corridor. Tous les bureaux étaient vides.

Tous, sauf le sien.

Au moment précis où il sortait de la pièce, un petit bruit résonna. Juste au-dessus de la table, le panneau du système de climatisation bougea. Les deux vis qui le maintenaient en place commencèrent à tourner. D'abord, celle de droite. Puis celle de gauche. Lentement, très lentement, de longs doigts minces se glissèrent entre les lames du panneau d'aération, et le décrochèrent en douceur.

Usher revenait maintenant vers son bureau, sa tasse de café fumant à la main. Il s'arrêta sur le seuil de la pièce. J'aurais juré que j'avais laissé la lumière en partant, se dit-il.

Il entra dans la pièce et se pencha en avant pour allumer la lampe posée sur la table. La porte claqua derrière lui avec violence. George comprit qu'il n'était pas seul.

La panique le saisit. Il fonça vers la porte, attrapa la poignée, essaya de la tourner, mais en vain. Quelqu'un ou quelque chose le saisit à bras-le-corps.

Usher se débattit frénétiquement, de toutes ses forces, et se libéra de l'étreinte de l'inconnu. Il roula au sol et deux mains puissantes se refermèrent aussitôt sur sa gorge. George ne pouvait plus émettre un son, plus respirer. Il sentit qu'on le soulevait dans les airs et le secouait comme un fétu de paille.

Soudain, les mains le lâchèrent, et le cri de douleur de Usher résonna dans les bureaux déserts. Il retomba lourdement sur le sol et fut immédiatement propulsé contre la porte avec tant de force que le bois du panneau craqua.

Puis le silence s'installa.

Une heure plus tard, le bureau de George Usher était illuminé par un rayon de lune pâle et blanchâtre. Son café était renversé sur la moquette à côté de taches de sang humain.

Le corps sans vie de l'homme d'affaires gisait dans une mare visqueuse.

Juste au-dessus de lui, dans les ténèbres, une vis tournait dans le panneau de ventilation.

Une créature dans le conduit de la climatisation était en train de remettre en place le panneau.

Lentement.

Victorieusement.

# CHAPITRE 2

Le soleil tapait sur les fenêtres de l'immeuble du F.B.I., à Washington, D.C. Au centre du bâtiment se trouvait une vaste cour aménagée luxueusement avec en son milieu un restaurant. Ce jour-là, l'agent spécial Dana Scully y déjeunait avec Tom Colton.

Scully était contente de pouvoir faire une pause, sa journée avait été épuisante. Elle affectionnait ce petit restau, et elle appréciait également la compagnie de Tom, un vieil ami. Ils avaient fait ensemble leur stage à Quantico, le centre de formation des agents du F.B.I.

Cela faisait un certain temps qu'ils ne s'étaient pas vus. Colton n'avait pas changé : séduisant, intelligent, sûr de lui. Il avait toujours aimé les cravates criardes, et celle qu'il portait aujourd'hui — noire à pois blancs — ne faisait pas exception à la règle. Il parlait à toute vitesse, donnant en permanence l'impression qu'il était pressé et débattait une affaire urgente. Scully l'écoutait attentivement ; Tom était en train de lui rapporter les dernières rumeurs qui circulaient au F.B.I.

— Devine qui j'ai rencontré, disait-il. Un camarade de Quantico. Tu ne vois pas qui ? Marty Neil !

Dana éclata de rire :

— Ce cher J. Edgar Junior ?

J. Edgar Hoover avait été le directeur du F.B.I. pendant presque cinquante ans, jusqu'en 1972. Et ce cher Marty Neil avait pour plan de carrière de suivre les traces de Hoover. Malheureusement pour lui, Marty était loin d'être aussi intelligent que son idole. Les deux hommes n'avaient en commun qu'un seul trait de caractère : la parano !

— Neil vient de monter d'un cran, expliqua Colton à Scully. Il va travailler pour le service de contre-espionnage du département des Affaires étrangères. Bureau de New York, s'il vous plaît, superviseur spécial !

— Superviseur ? répéta Dana. Il est sorti de Quantico il y a deux ans, comme nous. Comment a-t-il fait pour monter en grade si rapidement ?

Colton sourit avec amertume.

— C'est lui qui était chargé de l'enquête sur la bombe du World Trade Center. Une grosse affaire vite résolue.

Scully hocha la tête d'un air envieux. Il fallait dire que, depuis quelque temps, sa carrière avait pris une tournure peu prometteuse.

Dana était médecin, elle possédait en plus un diplôme d'astronomie et poursuivait des études de physique fondamentale, lorsqu'elle avait été acceptée au F.B.I. Ses notes à Quantico avaient toujours été excellentes, on l'avait remarquée et elle s'était vite retrouvée prof.

Mais un jour, tout avait basculé. On lui avait confié une mission assez spéciale. Le chef de secteur Bevins l'avait imposée comme associée à un nommé Fox Mulder, un agent qui s'occupait des dossiers dont personne ne voulait entendre parler.

— Voyons, Dana, s'écria soudain Colton, la tirant de sa rêverie. Tu sais comme moi que Marty est un looser. C'est nous qui devrions être là où il se trouve !

Scully regarda son ancien camarade de classe dans les yeux. Elle savait qu'il ne se débrouillait pas aussi mal qu'il voulait bien le laisser entendre.

— Brad Wilson m'a dit que ton travail sur l'affaire du tueur de Washington Crossing a permis l'arrestation de l'assassin en deux temps trois mouvements, dit-elle. Il paraît que tu es en haut de la liste pour les prochaines promotions.

Colton haussa les épaules. Dana savait qu'il aimait qu'on l'admire et qu'on le regarde avec envie. Il avait toujours eu de l'ambition. Son seul but dans la vie était de réussir.

— Et toi, Dana, demanda-t-il. Est-ce que tu as fait beaucoup de rencontres du troisième type, récemment ?

Scully essaya de ne pas laisser cette remarque la mettre de mauvaise humeur. Elle savait parfaitement que Tom plaisantait. De toute façon, elle était parfaitement consciente du fait que beaucoup de collègues la considéraient comme une Martienne simplement parce qu'elle travaillait avec Mulder.

— C'est la dernière rumeur à mon sujet ? sourit-elle. Je fais des rencontres du troisième type ?

Colton rit :

— Non, bien sûr que non ! Mais tu travailles avec Mulder le Martien, et...

Fox Mulder, le partenaire de Scully était un excellent élément. La direction du F.B.I. le savait. Il était sorti de Harvard et d'Oxford avec les honneurs et des diplômes de psychologie appliquée. Fox avait un don étrange : une mémoire photographique. Scully n'avait jamais rencontré un agent aussi précis et rationnel dans sa façon d'aborder une affaire. Mais le seul élément qu'on retenait de la personnalité de Mulder, malheureusement pour lui, c'était sa passion pour les phénomènes paranormaux. Il croyait aux ovnis et avait décidé de consacrer sa vie et sa carrière à leur étude.

Scully soupira :

— Je sais que Fox a parfois des idées bizarres, qu'il a l'air un peu dingo. Mais je t'assure que c'est un excellent agent.

Colton enfourna la bouchée de pot-au-feu qu'il

laissait refroidir depuis dix minutes au bout de sa fourchette et hocha la tête :

— J'ai justement entre les mains une affaire « dingo », dit-il d'un air grave. La police de Baltimore a demandé notre aide pour faire le profil psychologique d'un tueur en série. Il y a déjà eu trois meurtres. Cela a commencé voilà six semaines. Les victimes n'ont pas de point commun en ce qui concerne la race, le sexe ou l'âge.

Scully but une gorgée et remarqua :

— S'ils parlent de tueur en série, cela veut dire qu'il y a tout de même un schéma commun à ces meurtres.

Tom fit signe que oui.

— Exact, le point commun est le chemin qu'a emprunté l'assassin, ou plutôt l'absence de chemin...

— Je ne comprends pas.

— Une des victimes était une étudiante. Elle a été tuée dans sa chambre de trois mètres sur trois dont la porte était en chêne. Lorsqu'on l'a trouvée, les fenêtres étaient closes, la porte était fermée et la chaîne de sécurité mise ! Personne n'a réussi jusqu'à maintenant à découvrir comment le tueur est entré.

La curiosité de Scully s'éveilla. Colton continuait son récit :

— Le dernier crime a eu lieu il y a deux jours seulement, dans un immeuble de bureaux gardé par des équipes de sécurité. Les caméras de surveillance n'ont rien enregistré de spécial. Cela s'est produit après la fermeture. Le type a garé sa voiture au parking, pris l'ascenseur jusqu'au quinzième étage. Apparemment, il retournait à son bureau pour y travailler sur un dossier urgent. Personne d'autre que lui n'est entré dans l'immeuble. Et le pauvre mec n'en est jamais ressorti.

Dana fit la moue :

— Est-ce qu'il pourrait s'agir de suicides?

Colton sortit de son attaché-case une enveloppe de photos. Il les lui passa.

Scully ouvrit des yeux ronds en voyant l'état du corps des victimes.

— On leur a enlevé le foie, expliqua Tom, et ce, sans instrument!

— Tu veux dire que l'assassin s'est servi de ses mains? s'écria Dana, n'arrivant pas à le croire. Non, Tom. Il a dû se servir d'un scalpel ou...

Dana était une scientifique et avait toujours du mal à accepter qu'un événement, un fait tangible, ne soit pas explicable par la sacro-sainte science moderne.

Colton secoua la tête.

— Non, nous n'avons pas retrouvé trace d'instrument tranchant sur le corps de la victime. Je sais que cela paraît impossible. Nous n'arrivons pas à comprendre comment le tueur a bien pu procéder.

— Une enquête intéressante pour les affaires non classées...

La section « affaires non classées » était un service du F.B.I. qui s'occupait des cas étranges et inexpliqués, le domaine de prédilection de Fox Mulder.

Tom devina immédiatement à quoi Scully pensait.

— Dana, attends une petite seconde, fit-il. Je ne suis pas en train de vous refiler le dossier, à toi et à Mulder, je veux que ce soit bien clair, n'est-ce pas ? Je voudrais simplement que tu me rendes un service, que tu recherches s'il y a eu des cas similaires dans le passé. J'apprécierais aussi si tu pouvais venir jeter un coup d'œil sur les lieux du crime. C'est à une demi-heure de voiture de chez toi.

Scully haussa un sourcil :

— Puisque tu as l'intention de résoudre brillamment cette énigme, pourquoi as-tu besoin de nous ?

Colton baissa les yeux et répondit :

— Parce que tu as l'habitude de traiter des affaires bizarres, tu pourrais me donner quelques idées de pistes à suivre.

Dana comprit tout de suite que Tom, sous ses dehors charmants, considérait que le boulot qu'elle faisait avec Mulder était un sale travail. Il voulait donc à tout prix éviter que l'affaire sur

laquelle il bossait ne tombe dans la catégorie
« non classées ».

— Tu veux que je demande à Mulder de venir
jeter un coup d'œil aussi ? demanda-t-elle.

Colton fronça les sourcils.

— S'il vient parce que tu le lui demandes, c'est
bien. Mais cette enquête est *mon* enquête, fais-le-
lui clairement comprendre dès le début.

Scully regarda encore les photos.

Cette histoire représentait une affaire étrange.

Elle semblait destinée à Mulder.

Tom se tortilla sur sa chaise en voyant qu'elle ne
répondait pas :

— Ecoute, Dana, si jamais j'arrive à élucider
cette affaire, c'est moi qui vais me retrouver propulsé en haut de l'échelle, plus haut que ce crétin
de Marty. Et toi...

Elle le regarda dans les yeux :

— Et moi ?

Il haussa les épaules :

— Et toi, on ne t'appellera plus « Mme Mulder
le Martien » dans ton dos.

Scully ne répondit rien. Elle ne broncha pas
tandis que Colton se levait pour régler la note.
Cette dernière remarque l'avait blessée. Colton
l'avait fait exprès, elle le savait.

# CHAPITRE 3

Le lendemain matin, au lieu de se rendre directement au siège du F.B.I., Scully entreprit la démarche que Colton avait si délicatement suggérée : elle fit un détour pour se rendre au building abritant le bureau du regretté George Usher. Elle se gara au pied du bâtiment et repéra tout de suite les caméras de surveillance. C'était un lieu bien gardé, en effet. Tom n'avait pas menti.

Il était encore tôt, même pas sept heures du matin. Dana prit l'ascenseur jusqu'au quinzième. Il n'y avait personne dans les bureaux... personne sauf... Fox Mulder, évidemment.

Scully avait longuement réfléchi après son repas en compagnie de Tom. Elle avait finalement décidé de tout raconter à Fox. Cette affaire relevait parfaitement de ses compétences. Elle ne pouvait pas ne pas le mettre sur le coup.

Mulder se tenait sur le pas de la porte du

bureau de la victime. Il avait étalé son kit d'analyse sur le sol, ôté sa veste, retroussé les manches de sa chemise, et mis des gants spéciaux en plastique.

Cela devait faire un bon moment qu'il était là.

— Salut, fit Scully.

Fox Mulder avait un visage étonnamment jeune pour un agent ayant rencontré tant de cas difficiles. Il était grand, mince, et portait ses cheveux plus longs que les autres agents du F.B.I. Dana avait toujours pensé qu'il cachait bien son jeu : il avait l'air d'un gamin, d'un jeune innocent sans expérience. Mais quand on le regardait en face, on voyait dans ses yeux noisette une lueur qui ne trompait pas. Mulder avait vu plus de choses horribles et étranges que les plus âgés des agents du service. Et il avait dû en subir les conséquences psychologiques et émotionnelles.

Scully lui fit un petit signe. Elle était contente que Colton ne soit pas encore arrivé. Cela lui permettrait d'examiner les lieux du crime tranquillement et à sa façon.

Elle jeta un coup d'œil à la pièce avec la rapidité d'une vraie professionnelle.

Le corps de Usher n'était plus là, mais la petite pièce ressemblait à une île du Pacifique après un ouragan. Les crayons, les papiers, les dossiers; tout était renversé, éparpillé sur le sol. La photo d'une femme, probablement l'épouse du défunt, traînait par terre à côté d'une lampe de bureau et d'une tasse à café.

Mais le détail le plus impressionnant résidait dans le fait qu'il y avait du sang partout : sur les papiers, sur les murs, sur la chaise, sur la table...

Un seul coin demeurait propre et en ordre : l'angle dans lequel Mulder se tenait, ses instruments de travail à la main.

Il avait apporté tout ce qu'il fallait : poudre pour empreintes digitales, rasoirs, loupes, pinces.

Fox leva les yeux, regarda la pièce, puis se tourna vers sa coéquipière :

— Pourquoi est-ce qu'ils ne m'ont pas demandé directement de m'occuper de cette enquête ? interrogea-t-il.

Scully ne répondit pas tout de suite et le regarda fouiller dans sa poche, à la recherche du petit sachet de graines de tournesol qu'il avait toujours sur lui. Il jeta quelques graines dans sa bouche.

Dana essaya de présenter les choses avec tact :

— La personne chargée de l'affaire est un ami à moi, un camarade de Quantico. J'imagine qu'il a préféré me parler, il se sentait plus à l'aise face à moi.

— Pourquoi ? Est-ce que je lui fais peur ?

Scully savait qu'il valait toujours mieux être franche et directe avec Fox.

— Je crois que c'est ta réputation qui l'a effrayé.

Mulder la regardait sans changer d'expression. Il avait l'air de s'amuser.

— Ma réputation ? Je n'ai vraiment aucune idée de ce dont tu peux vouloir parler !

Dana soupira. On ne pouvait rien tirer de Mulder quand il commençait à jouer les imbéciles.

— Ecoute, fit-elle, agacée, Colton accorde beaucoup d'importance au règlement. Tu sais ce que les agents de son genre pensent de tes méthodes, ils trouvent que tu es...

Mulder sourit :

— ... un Martien ?

Il changea d'expression et redevint sérieux pour demander :

— Et toi, Scully, est-ce que tu penses que je suis un Martien ?

Scully hésita. Elle savait que son partenaire était en train de la mettre à l'épreuve. Cela ne faisait pas très longtemps qu'ils travaillaient ensemble. Et Mulder savait qu'à l'origine on la lui avait assignée comme équipière afin qu'elle l'espionne et fasse des rapports sur ses activités. Le F.B.I. cherchait une excuse pour pouvoir fermer définitivement le service des affaires non classées. Mais, hélas pour ces messieurs de la direction, Dana avait l'esprit ouvert. Elle était loin de partager les idées de Fox, mais elle respectait ses méthodes et sa démarche. Elle avait donc fait à ses supérieurs un rapport franc et honnête : elle trouvait que Mulder était un excellent agent et que les affaires sur lesquelles il enquêtait constituaient de véritables énigmes qu'il résolvait souvent.

Mulder aurait dû commencer à lui faire confiance, mais il avait toujours des doutes.

Scully n'eut jamais l'occasion de répondre à sa question, car à cet instant précis Colton arriva dans le couloir.

— Salut Dana, lança-t-il. Désolé d'être en retard.

— Ne t'en fais pas, nous venons d'arriver. Tom, je te présente Fox Mulder. Fox Mulder... Tom Colton.

Les deux hommes se serrèrent la main.

Colton prit un air charmeur.

— Alors, Mulder, votre opinion ? Est-ce que ce crime a été commis par les petits hommes verts ?

Dana lança un regard à Mulder, mais trop tard :

— Gris, dit-il.

— Je vous demande pardon ?

— Vous avez dit « verts », agent Colton. Or, la peau des Réticuliens est grise. Il est établi qu'ils extraient le foie des humains afin de compenser le manque de fer dans leur organisme.

Scully soupira. Elle aurait préféré que Fox ne commence pas son petit numéro. Colton méritait qu'on se moque de lui, mais ce n'était pas la peine d'en rajouter. Si Mulder continuait comme ça, Tom irait directement se plaindre à la direction et avancer que le nommé Mulder était devenu totalement barjo.

Colton avait l'air perdu mais faisait de son mieux pour que cela ne se voie pas trop :

— Attendez, Mulder... vous êtes sérieux ?

Mulder fronça les sourcils gravement :

— Avez-vous une idée du prix d'une tranche de foie aux oignons sur Réticulus ?

Colton bafouilla et, n'arrivant pas à décider si on se fichait de lui ou non, alla jeter un coup d'œil aux différents objets qui gisaient sur le sol.

Dana se dit qu'il n'était peut-être pas trop tard pour réconcilier les deux hommes — ennemis dès la première rencontre. Elle ne pouvait pas laisser cet état de choses empirer. Tom n'avait pas le sens de l'humour aussi développé que Fox.

Elle se dirigea vers Colton et entreprit de lui parler de Mulder et de la qualité de son travail, ainsi que de la façon dont il traitait les affaires comme celle-ci.

Fox, lui, ne prêta aucune attention à leur conversation, et continua de fouiner par terre à quatre pattes, à la recherche de la moindre fibre de tissu qui aurait pu tomber des vêtements de l'assassin.

Tout en croquant ses graines de tournesol, Mulder se dirigea ensuite vers la fenêtre. Il vérifia le mastic pour voir si on avait récemment déplacé les vitres. Rien, pas de traces suspectes — exactement comme il s'y attendait.

Il se mit alors à longer le mur et à examiner les plinthes. Le meurtrier pouvait avoir laissé tomber ou touché quelque chose. Aucune piste ne devait être négligée.

Soudain, Fox aperçut quelque chose qui brillait sur le tapis. Il rampa et appuya avec le bout du doigt sur les fibres du tapis. Il s'agissait de minuscules débris de métal.

Il attrapa ses pinces et prit délicatement un des morceaux qu'il examina de près. Il réfléchit un instant, puis regarda au-dessus de sa tête, et découvrit une bouche d'aération dont la grille était en métal.

Mulder alla chercher son kit à empreintes digitales, monta sur une chaise et commença à saupoudrer la plaque avec la poudre spéciale. Il passa un pinceau léger sur le tout afin de faire apparaître des traces éventuelles de doigts.

Colton le regardait d'un air suspicieux.

— Qu'est-ce qu'il fabrique ? demanda-t-il à Scully.

Fox n'entendit même pas. Il était entièrement concentré sur son travail et examinait chaque centimètre du panneau, à la recherche d'empreintes.

Colton ricana :

— Mulder, à quoi pensez-vous ? Ce conduit fait cinquante centimètres de côté ! Et même si un « Réticulien » a réussi à se glisser là-dedans, je ne vois pas comment il serait passé entre les lames de la plaque. Les vis sont en place, au cas où vous n'auriez pas remarqué !

Fox ne prit pas la peine de répondre et joua du pinceau de plus belle. Il tenait une trace ! Une empreinte apparut sur le côté de la grille. La marque de doigts fins et longs ressemblant à ceux d'un humain... mais ce n'étaient pas ceux d'un humain.

Mulder ouvrit des yeux ronds.

Il avait déjà vu cela quelque part !

# CHAPITRE 4

Scully rapprocha sa chaise de celle de son partenaire. Ils se trouvaient dans le minuscule bureau de Fox Mulder. La pièce était située au sous-sol du bâtiment du F.B.I. Comme toujours, il y avait des piles de livres partout, des photos d'objets flous (des ovnis ? Scully n'osait pas lui poser la question) punaisées au mur. Quant au credo de Mulder, il était affiché en grand : un beau poster avec en grosses lettres : JE VEUX CROIRE ! sur fond de soucoupe volante.

Dana avait déjà renversé deux piles de dossiers depuis qu'elle était entrée dans le bureau, mais Mulder s'en fichait, et elle était bien trop occupée à regarder les différentes diapos qu'il était en train de lui montrer pour s'amuser à ramasser son fouillis !

Fox lui projetait en continu six diapositives, six clichés représentant tous une empreinte digitale totalement anormale, difforme, extrêmement allongée.

Mulder lui indiqua une des images :

— Voici celle que j'ai prise hier, sur la grille de ventilation. Les autres photos sortent des dossiers des archives des affaires non classées.

— Cela fait combien de meurtres, en tout ?

— En comptant Usher, onze ! répondit Fox. Les dix meurtres précédents ont tous été commis dans la région de Baltimore. Et chaque fois la police a été incapable de déterminer comment l'assassin était entré dans la pièce. Pour ce qui est de ces empreintes (Il fit apparaître les six clichés en même temps sur l'écran — projecteur dernier modèle !), on les a retrouvées sur les lieux de cinq de ses autres crimes.

Scully fronça les sourcils.

— Cinq autres crimes ? Mais Colton ne...

— Je ne pense pas qu'il soit au courant, fit Mulder en indiquant les diapos de la rangée du bas. Tu vois ces trois clichés ? Ils ont été pris en 1963, cinq ans avant la naissance de ton bon ami Colton. Quant à ces deux-là, elles ont été trouvées en 1933.

Scully croisa les bras, perplexe :

— Tu essaies de me dire que le même meurtrier a frappé il y a trente ans et soixante ans de cela ?

— Et quatre-vingt-dix ans de cela ! corrigea Fox. En 1903, les empreintes digitales n'étaient pas une technique répandue et la police de l'époque était mal organisée. Nous ne pouvons donc être sûrs de rien, mais un crime a été commis en 1903 qui correspondait parfaitement aux caractéristiques des autres.

— Ben voyons...

Dana se demandait bien pourquoi elle se donnait encore la peine de prendre un air étonné : Mulder trouvait toujours le moyen de rendre toutes les affaires sur lesquelles il travaillait totalement abracadabrantes !

Fox ne sembla pas remarquer son air las et continua son récit :

— Cinq meurtres tous les trente ans. Cela veut dire que l'assassin va encore frapper deux fois.

Scully se leva. Il fallait qu'il y ait une explication logique à tout cela ! Elle était médecin, elle suivait une démarche scientifique ! Elle ne pouvait pas recevoir les raisonnements délirants de Mulder sans broncher !

Ou peut-être avait-elle mal compris ce qu'il voulait dire ?

— Mulder, tu penses que ces meurtres ont été commis par des personnes qui voulaient imiter les assassinats précédents, des admirateurs du meurtrier, c'est cela ?

Mulder la regarda dans les yeux.

— Qu'est-ce qu'on nous apprend le premier jour, à Quantico, Scully ? Les empreintes digitales sont uniques ! Et celles que tu vois sur cet écran correspondent parfaitement entre elles.

Elle voyait parfaitement où il voulait en venir. C'était gros comme une maison, et totalement irrationnel! Mais écouter Mulder délirer était une chose, et le croire en était une autre. Dana espérait être encore capable de critiques à son égard.

— Bon, s'écria-t-elle en l'arrêtant de la main. Qu'est-ce que je fais? J'appelle la Criminelle et je leur dis que tous ces crimes ont été commis par des extraterrestres?

Mulder ne sembla pas comprendre que ce qu'elle venait de dire était une plaisanterie.

— Non, rétorqua-t-il d'un air parfaitement sérieux. Je ne vois pour le moment rien qui puisse laisser à penser que des entités extraterrestres soient impliquées dans cette affaire!

— Alors, quelle est ton explication? C'est un tueur en série âgé de cent ans qui a bouffé le foie d'un homme d'affaires d'un mètre quatre-vingt-cinq après l'avoir mis au tapis?

Fox afficha un large sourire:

— N'oublie pas que le tueur a des doigts de vingt-cinq centimètres de long! Il doit être facile à repérer dans la rue.

— Mulder, tu te trouves sûrement drôle, moi je ne ris pas!

— Scully, écoute-moi. Le service des affaires non classées est chargé d'enquêter sur les phénomènes inexpliqués. Cette affaire est de notre ressort, on devrait nous la confier. Je suis très sérieux.

— C'est l'enquête de Colton, il y tient.

Fox brandit un vieux dossier jauni :

— Non, les crimes de 1903 sont la « propriété » du service des affaires non classées. Nous avons donc la priorité, nous étions là les premiers.

Scully soupira. Elle n'aimait pas vexer Mulder, mais il se montrait parfois si entêté et si borné qu'un bon coup de pied au derrière lui aurait fait du bien et l'aurait ramené à la réalité.

— Mulder, dit-elle doucement. Tu n'as donc pas encore compris que personne ne veut entendre tes théories fumeuses ? C'est pour cela que le chef de secteur Bevins t'a donné ce bureau au sous-sol, à la cave !

Mais Mulder ne sembla pas vexé du tout.

— Dans ce cas, toi aussi tu es « à la cave », Dana.

Elle se laissa retomber sur sa chaise. A quoi bon discuter avec lui ?

Fox s'approcha d'elle.

— Scully, voilà ce que je te propose : Colton mène son enquête. Nous allons mener la nôtre, séparément. Comme ça, tout le monde sera content. Les deux investigations seront parallèles.

Scully le regarda, cherchant quelque chose à rétorquer.

Elle ne trouva rien à dire.

Il était dix heures du soir. Scully était seule chez elle, devant son ordinateur. Elle avait examiné toutes les pièces à conviction trouvées là où Usher avait été tué, et également lu attentivement les dossiers non classés sur les meurtres commis au début du siècle.

Dana était en train d'ébaucher un portrait psychologique du tueur.

Une fois de plus, elle avait écouté les idées de Mulder, mais en fin de compte elle suivait ses théories à elle.

Elle écrivit :

*Après une étude approfondie de ces meurtres extrêmement violents et atroces, je pense que le tueur est un homme de vingt-cinq à trente-cinq ans. Il est doté d'une intelligence au-dessus de la moyenne. La façon dont il a pénétré sur les lieux du crime est toujours un mystère. Il semble probable qu'il connaisse le bâtiment dans ses moindres détails, y compris ses canalisations et les gaines d'aération.*

Scully regarda le plan du building où le pauvre George Usher travaillait.

*Il se peut également que le tueur se fasse passer pour un livreur ou pour un employé du service de nettoyage. Il rentrerait donc ainsi dans le bâtiment au vu et au su de tout le monde. Il est fréquent que les témoins ne remarquent pas les va-et-vient du personnel en uniforme.*

Scully soupira et prit une des diapos représentant les empreintes anormalement allongées. Elle l'étudia dans la lumière de la lampe à côté d'elle.

Voilà un élément qu'elle n'arrivait pas à expliquer. Elle décida donc de se concentrer sur un autre aspect de l'affaire.

*Le fait que le tueur ait retiré le foie de ses victimes représente l'élément le plus marquant de ces meurtres. Le foie a pour fonction principale de nettoyer le sang, c'est un filtre qui...*

Le lendemain matin, Scully présenta son rapport à la section criminelle du F.B.I. Elle savait qu'il fallait qu'elle paraisse sûre d'elle et qu'elle montre qu'elle connaissait le dossier à fond. Elle n'avait aucunement l'intention de mentionner les idées bizarres de Mulder ni ses propres doutes. Colton était là, avec son chef et l'agent Fuller.

Calmement, lentement, Scully expliqua sa théorie :

— Si nous prenons en considération la valeur symbolique et la fonction organique du foie, nous pouvons suspecter que le tueur l'extrait de ses victimes comme on prend un trophée sur un animal tué à la chasse. Le fait qu'il choisisse cet organe et pas un autre peut laisser supposer qu'il pense ainsi se nettoyer, se purifier de ses impuretés par ces crimes. Le sujet est, de toute évidence, un psychopathe au comportement obsessionnel et impulsif classique.

Tout le monde hocha la tête. Ils étaient d'accord avec son analyse du dossier.

Scully poursuivit donc l'énoncé de son étude très fouillée :

— Les victimes n'ayant aucun point commun, nous sommes incapables de prédire qui le tueur va attaquer la prochaine fois. Mais nous avons tout de même une chance de l'appréhender. Il est reconnu que les tueurs en série ne trouvent pas toujours une victime à leur goût, ou une victime tout court. Dans ce cas, il leur arrive fréquemment de retourner sur les lieux de leur méfait précédent.

— Vous pensez que c'est ce qui va se produire ? demanda le chef de Colton.

— Il est possible que l'assassin veuille revivre les moments d'intense émotion que ses meurtres précédents lui ont procurés. Je pense donc qu'il risque de retourner là où il a déjà tué.

L'agent Fuller se leva :

— Bon travail, agent Scully.

Il se tourna vers les autres et ajouta :

— S'il n'y a pas d'objection, j'aimerais qu'on organise dès ce soir des planques là où ce cinglé a déjà frappé. Nous cherchons un homme d'une trentaine d'années. Il est possible qu'il porte un uniforme de travail : compagnie du gaz, nettoyage de moquettes, ou autre.

Fuller se tourna de nouveau vers Dana :

— Quant à vous, Scully, je sais que vous travaillez généralement sur des affaires un peu plus... délirantes que celle-ci. Mais si cela vous amuse, vous pouvez vous joindre à nous pour cette chasse à l'homme d'une banalité assez terne.

Scully fit un effort pour sourire à ces allusions stupides.

Elle savait que Mulder n'aurait pas trouvé l'humour de Fuller très fin.

Cela la mettait de mauvaise humeur.

# CHAPITRE 5

Trois jours plus tard, Scully garait de nouveau sa voiture dans le parking du building où George Usher avait été tué. La section criminelle du F.B.I. avait écouté ses conseils et mis des équipes de surveillance sur les lieux de tous les meurtres précédents. Dana s'était portée volontaire pour s'occuper de ce bâtiment. Elle portait une oreillette et un micro qui la reliaient au central.

Le soir tombait, mais le parking était déjà désert. Scully se demanda si les employés partaient plus tôt que d'habitude à cause du meurtre de Usher.

Une voix dit soudain dans son oreillette :

— Poste dix, ici central, test contact radio.

— Ici poste dix, je vous reçois cinq sur cinq, murmura Dana dans le petit micro.

Elle regarda autour d'elle. Le parking était mal éclairé et il était difficile de distinguer ce qui se trouvait dans la pénombre. Il régnait un silence total. Dana scruta de nouveau les alentours.

Rien.

Et soudain... des bruits de pas.

Elle n'était plus seule.

Lentement, silencieusement, Scully sortit son arme et descendit de la voiture. Elle braqua la lampe torche dans la direction d'où venait le son.

Le silence, de nouveau...

Dana examina le sol taché de graisse de moteur, les piliers en ciment, les murs sales.

Personne.

Les bruits de pas résonnèrent de nouveau. Quelqu'un venait dans sa direction, quelqu'un marchant très vite, à grandes enjambées. On venait droit vers elle.

Scully se colla contre un pilier, passa la torche dans la ceinture de son pantalon et arma son revolver.

Elle attendit que la personne soit juste à sa hauteur et bondit hors de sa cachette. Elle visa droit devant elle, et le canon de son arme se retrouva... juste en face du nez de Mulder.

Il leva les mains et sourit calmement :

— Tu ne tirerais pas sur un homme désarmé ?

Scully jura et baissa son arme.

— Mulder, murmura-t-elle, qu'est-ce que tu fiches là ?

— Il ne reviendra pas ici ce soir, fit-il, ignorant sa question. Notre assassin aime bien les défis, il va toujours dans des lieux difficiles d'accès. Il connaît déjà ce coin. Si tu as lu le dossier sur les meurtres, tu connais sa psychologie aussi bien que moi.

— Tu es en train de m'empêcher de travailler!

Dana était furieuse. Elle bûchait pour la section criminelle, ce soir, et Mulder n'avait pas à lui dire ce qu'elle devait faire ou penser. En fait, il n'avait pas à être là. Il ne devait plus se permettre de lui dire qu'elle se trompait!

Fox lui tendit un sachet :

— Tu veux des graines de tournesol? proposa-t-il en souriant.

Scully lui tourna le dos.

— Très bien, Dana, je retourne chez moi. Mais tu perds ton temps, je t'aurai prévenue!

Dana ne se retourna pas et remonta dans sa voiture.

Fox s'éloigna aussi rapidement qu'il était venu.

Mais Mulder ne rentra pas chez lui comme il l'avait annoncé. Cette affaire le fascinait trop pour qu'il laisse tomber si facilement. Plusieurs heures plus tard, il était toujours dans le sous-sol du building. Le bâtiment était entièrement désert. Il ne restait plus que Scully. Le seul bruit provenait du système d'aération.

Subitement, un tintement métallique résonna!

Fox se plaqua contre le mur et regarda dans

toutes les directions. Le bruit semblait provenir d'une partie du parking entourée d'un grillage comme celui qu'on trouve autour des pylônes à haute tension.

Curieux, Mulder s'approcha. Les sons heurtés devenaient plus proches. Le grillage entourait d'énormes moteurs qui régulaient le système de ventilation du building. Fox recula pour mieux étudier l'ensemble des tuyaux qui sortaient de la machinerie. Certains d'entre eux montaient vers les étages.

Il sortit sa lampe et examina les moteurs. Les bruits provenaient de l'intérieur, on aurait dit que quelqu'un donnait des coups de marteau et passait une râpe dans ce tube ! Et le bruit était de plus en plus violent. Non. Le son provenait d'un gros tuyau — celui-là ! Dans la lumière de sa torche, Fox remarqua soudain qu'un des panneaux métalliques recouvrant les moteurs avait été déplacé.

Mulder sentit son cœur s'accélérer. Il regarda du côté du grillage. La porte était légèrement ouverte. Il y avait juste la place pour qu'une personne s'y glisse. Et si l'assassin était entré par ici ? Oui, le tueur pouvait fort bien se déplacer dans les conduits de ventilation et monter ainsi dans les étages de bureaux !

Mulder entra dans l'enceinte. Le plus gros des tuyaux bougea soudain. Il se figea sur place et fronça les sourcils. Le tuyau était agité de vibrations, comme s'il respirait.

Quelque chose semblait se contorsionner à l'intérieur!

Mulder piqua un sprint.

— Scully! hurla-t-il tout en courant, Scully, vite! Appelle le central, demande des renforts!

Dana ne se posa pas de questions et attrapa sa radio d'un geste précis:

— Ici poste dix, je demande des renforts! annonça-t-elle dans le micro.

Puis elle sortit de la voiture et suivit Mulder qui lui faisait signe de venir avec lui vers l'enclos.

Il indiqua un tuyau.

— Il est là-dedans!

Dana sortit son arme.

— Agent fédéral! Je suis armée, sortez, les mains en l'air! ordonna-t-elle.

Le silence se fit... plus aucun mouvement ne se propagea dans le tube.

— Sortez lentement... tout de suite!

Le silence planait toujours. Puis le tuyau se mit à grincer et à gémir tandis que la personne qui se trouvait à l'intérieur descendait.

Scully et Mulder attendirent. La conduite d'air cessa de bouger.

Dana tenait son arme à deux mains et la pointa sur la base du tuyau.

— Ça suffit, cria-t-elle. Sortez les mains en l'air!

Elle était terrorisée et serrait la mâchoire à s'en faire sauter les dents: comment un être humain

38

pouvait-il se glisser dans un tuyau aussi petit ? C'était une histoire à la Mulder, ça ne pouvait pas être réel !

Elle se détendit dès qu'elle entendit les renforts arriver. Quatre agents, y compris l'ami Colton, couraient dans leur direction. Ils mirent tous en joue la canalisation d'air.

Scully aperçut une forme humaine sortir du tube et s'accroupir. L'individu leva la main pour se protéger les yeux de la lumière des lampes torches pointées vers lui.

Puis il se redressa.

C'était un garçon d'une vingtaine d'années. Il avait un visage juvénile et un grand front. Ses cheveux étaient courts.

Il portait une tenue de travail ressemblant à un uniforme avec un énorme badge : DÉRATISATION. Il tremblait et leva les mains d'un air penaud. Ce type semblait terrorisé.

— Arrêtez-le ! ordonna Colton.

Un autre agent s'avança et passa les menottes au suspect.

— Vous êtes en état d'arrestation. Vous avez le droit de garder le silence. Tout ce que vous direz pourra être retenu contre vous et utilisé comme preuve au tribunal...

Colton se tourna vers Dana :

— Beau travail, ma grande ! s'exclama-t-il suffisamment fort pour que Mulder l'entende.

Scully ne répondit rien. Elle n'avait pas du tout

envie de sauter de joie. Fox avait l'air totalement effondré par la tournure prise par les événements, par cette arrestation somme toute si facile, par le visage innocent et banal du suspect.

Il s'approcha d'elle :

— Tu avais raison, Scully, énonça-t-il simplement. Ton analyse de son profil psychologique a permis cette arrestation.

Puis il s'éloigna.

Dana le regarda disparaître dans les ténèbres du parking. Oui, elle avait eu raison. Et il avait eu tort. C'était bien la première fois !

Alors, pourquoi se sentait-elle si mal à l'aise ?

# CHAPITRE 6

Scully s'assit derrière le miroir sans tain qui permettait de voir la petite pièce où allait se tenir l'interrogatoire. Colton, Mulder, Fuller et deux officiers de police se tenaient à ses côtés. Ils observaient tous la jeune femme blonde qui préparait soigneusement le détecteur de mensonges et qui allait mener les opérations.

Le suspect était assis face au miroir. Il portait une tenue orange de prisonnier. Il ne pouvait pas distinguer Scully et les autres derrière le miroir, mais Dana était tout de même gênée qu'il regarde dans sa direction.

On avait mis sur un de ses avant-bras un tensiomètre. Il avait des électrodes au bout de chaque doigt. Chacune était reliée par des fils à la machine.

Scully connaissait bien cette technique : on allait mesurer la tension artérielle, le rythme cardiaque et la respiration du suspect. Le moindre changement indiquerait qu'il mentait.

Le jeune homme avait exactement la même expression que lorsqu'on l'avait arrêté dans le parking : un moineau affolé. Scully était curieuse de voir ce qu'allait donner le test polygraphique.

La jeune femme blonde ajusta la machine de façon à ce que les stylets tracent sur le papier déroulant les courbes correspondant aux signes vitaux du sujet.

Elle commença le test par une question simple :

— Vous vous appelez Eugène Victor Tooms ?

— Oui, répondit le suspect.

— Vous habitez dans le Maryland ?

— Oui.

— Vous travaillez pour le service de dératisation de la ville ?

— Oui.

Dana vit la jeune femme écrire : « 7+ » à côté de courbes sur le papier de la machine. Tooms devait dire la vérité... pour le moment.

— Eugène, avez-vous l'intention de me mentir pendant ce test ?

— Non.

Le jeune homme avait l'air en transe. Il répondait d'un ton monocorde en regardant droit devant lui.

— Etes-vous allé au lycée ?

— Oui.

— Avez-vous fait des études de médecine ?

— Non.

— Avez-vous déjà procédé à l'ablation du foie sur un être humain?

— Non.

— Avez-vous déjà tué un être vivant?

— Oui.

Le visage de Tooms n'exprimait aucune émotion.

— Avez-vous déjà tué un être humain?

— Non.

— Avez-vous déjà été dans le bureau de George Usher?

— Non.

— Est-ce que vous êtes âgé de plus de cent ans?

Tooms sembla surpris par la question, mais il reprit son masque impassible immédiatement.

— Non, répondit-il.

De l'autre côté du miroir sans tain, Colton se pencha vers Scully:

— Ça devait être une question de contrôle pour l'appareil.

— En fait, intervint Mulder, c'est moi qui lui ai demandé de lui poser cette question.

Colton le regarda d'un air perplexe, puis se tourna pour écouter la suite du test.

— Eugène, demanda la jeune femme, êtes-vous déjà allé à Powhatan Mill?

— Oui.

— En 1933?

Tooms hésita de nouveau.

— Non.

Colton soupira :

— Encore une de vos questions particulières, Mulder ?

Fox fit signe que oui.

— Avez-vous peur que ce test vous soit défavorable ? demanda la jeune femme au suspect.

Tooms fronça les sourcils. Il commençait à devenir tendu.

— Non... oui, je crois... parce que je suis innocent.

Elle regarda les courbes sur le papier.

— Merci, monsieur Tooms, ce sera tout pour le moment.

Quelques instants plus tard, deux policiers venaient chercher Tooms pour le ramener dans sa cellule. Scully, Mulder et Colton attendirent sagement dans la petite pièce d'observation dite « du miroir » que les résultats du test arrivent.

La jeune femme blonde qui avait interrogé le suspect entra enfin, des feuilles de papier à la main.

— Eugène Tooms a passé l'examen, c'est un sans faute, je lui donne vingt sur vingt. En ce qui me concerne, je suis maintenant persuadée qu'il n'a pas tué ces gens.

Mulder fronça les sourcils. Il prit les documents représentant les courbes de réponses, et les examina lui-même.

Fuller réapparut à son tour dans la pièce :

— Tooms ne nous a pas raconté de bobards. Le service de nettoyage du building où Usher a été tué confirme qu'ils ont appelé le service de dératisation à cause d'une mauvaise odeur. On a trouvé un chat mort dans un des conduits d'aération du deuxième étage.

Colton se leva.

— Bon, voilà donc qui est réglé.

— Non ! s'écria Scully. Tout cela n'explique pas ce que Tooms faisait là au beau milieu de la nuit.

Fuller haussa les épaules.

— Il aime son travail et il faisait du zèle, voilà tout. Dire que c'est pour cela que nous l'avons arrêté. Il faudrait plus de gens comme lui !

Dana l'arrêta :

— Tooms rampait dans le conduit d'aération sans avoir prévenu auparavant le service de sécurité.

Colton soupira.

— Ecoute, Dana. Tooms a réussi le test. Ce qu'il nous a raconté s'est révélé exact. Ce n'est pas notre homme. Mais cela ne remet pas en question ton travail sur le profil psychologique du tueur !

Mulder secoua la tête. Il regardait toujours les graphiques.

— Scully a raison, dit-il. Tooms *est* notre bonhomme.

Fuller regarda Fox comme s'il venait d'annoncer que la lune était en fait un gruyère. Il prit un ton patient et lui rétorqua :

— O.K., Mulder. Qu'est-ce qui vous chagrine ?

Fox indiqua un point sur le papier.

— Tooms a menti en répondant aux questions douze et quatorze. Les courbes sortent presque des limites d'écriture des stylets.

Fuller regarda.

— Oui, je vois, Mulder. La douze était la fameuse question : « Avez-vous plus de cent ans ? » Moi-même, j'ai sursauté en l'entendant ! Et pendant qu'on y est, si vous m'expliquiez le sens de la question à propos de Powhatan Mill en 1933 ?

— Deux meurtres similaires à celui d'Usher se sont produits là-bas en 1933.

La jeune technicienne s'éclaircit la gorge.

— Mon opinion quant à la réaction du sujet à ces questions est que...

Mais Fuller était à court de patience.

— Je n'ai pas besoin d'une machine ni de vous pour savoir que Tooms n'était pas à Powhatan Mill en 1933 ! hurla-t-il, furieux.

— Tooms est l'assassin, murmura Mulder calmement.

Fuller le fusilla du regard :

— Eh bien, dans ce cas, tant pis, parce que je le libère !

Fuller quitta la pièce et claqua la porte derrière lui. Dana jeta un coup d'œil vers Colton et vit à son expression qu'il était d'accord avec lui. Il ne croyait pas Mulder non plus.

— Tu viens ? fit Tom en s'approchant de Scully.

Elle hésita. Qu'allait-elle faire ? Continuer avec la section criminelle, ou avec Mulder ?

— Tom, je te remercie, mais officiellement je suis assignée à la section des affaires non classées.

Colton regarda Mulder d'un air sombre, soupira et ajouta :

— Ne t'en fais pas, je vais voir ce que je peux faire pour toi !

Scully l'arrêta :

— Tom, je m'occupe moi-même de ma carrière. Je ne veux pas que tu...

— Dana, réfléchis ! C'est toi-même qui m'as dit que Mulder était dingo ! s'écria Tom.

Fox leva les yeux de ses graphiques et le regarda avec un intérêt mitigé.

Dana aurait voulu disparaître sous le tapis.

Colton poursuivit :

— Tu te trompes, Dana. Mulder n'est pas dingo, il est complètement siphonné ! Il est bon pour l'asile !

## CHAPITRE 7

Scully quitta la salle d'interrogatoire et se dirigea vers la sortie du bâtiment de la police en compagnie de Mulder. Elle ne prononça pas un mot. Elle venait de refuser de travailler pour la section criminelle, un job dont tous les agents du F.B.I. rêvaient. Elle avait préféré continuer à travailler avec Mulder sur les affaires non classées. Dana espérait qu'elle n'aurait pas à regretter cette décision.

— Mulder, fit-elle tout en avançant dans le couloir. Pourquoi as-tu fait ça ?

— Fait quoi ?

— Après qu'on a eu les résultats du détecteur de mensonges. Tu as dit à Colton et à Fuller que tu étais certain que Tooms avait tué en 1933. Tu savais parfaitement qu'ils ne te croiraient pas. Pourquoi t'es-tu ainsi ridiculisé devant eux ?

— Je pense peut-être sincèrement que Tooms est l'assassin.

Scully secoua la tête. Elle commençait à bien connaître son partenaire. Il ne lui disait pas tout.

— Finis ta pensée, Fox !

— Bien sûr, Dana. La raison pour laquelle je me suis « ridiculisé », comme tu dis, est que tes amis de la section criminelle ont l'esprit trop fermé, trop étroit pour pouvoir envisager une seule seconde la possibilité que...

— Que quoi ?

Mulder lui sourit d'un air charmeur.

— Que parfois le plaisir que j'ai à voir leur tête quand je leur sors mes spéculations est plus fort que ma peur du ridicule !

— J'ai eu l'impression qu'il s'agissait d'autre chose. Tu défendais ton territoire, Mulder.

— Bien entendu. Nous travaillons ensemble depuis un certain temps, Scully. Très souvent tu n'es pas d'accord avec mes théories, mais au moins tu les respectes et tu me laisses une chance de les vérifier avant de me traiter de fou. Ton copain Colton ne respecte que ses propres idées. Je crois que c'est pour cela que je voudrais le tenir à l'écart de notre enquête. Et je me fous pas mal de ce qu'il pense de moi.

Scully s'arrêta de marcher. Cette confession la surprenait.

Mulder haussa les épaules et ajouta :

— Mais si tu préfères travailler avec eux, je ne t'en voudrai pas.

Scully secoua la tête.

— Oh non ! tu ne vas pas te débarrasser de moi si facilement ! Je sais que tu dois avoir d'autres preuves que les questions douze et quatorze contre Tooms, et je veux savoir ce que c'est !

Le lendemain matin, Scully découvrit enfin les éléments sur lesquels Mulder s'appuyait pour fonder sa théorie. Elle s'assit avec lui devant un ordinateur prêté par la police municipale de Baltimore. Fox fit apparaître sur le terminal le dossier de Tooms.

— Et voici ses empreintes digitales, annonça-t-il tout en tapant sur le clavier.

Les empreintes du suspect apparurent sur l'écran, extrêmement grossies.

Mulder sélectionna un autre fichier.

— Et maintenant, regarde ça, dit-il tandis que l'écran se divisait en deux fenêtres et qu'une empreinte allongée se profilait sur le côté gauche. Voici la marque que j'ai trouvée dans le bureau de Usher. Les empreintes digitales de 1933 correspondent parfaitement à celles-ci... je te parle de celles de 1933... celles de Powhatan Mill.

Scully ne voyait pas très bien le rapport qui pouvait exister entre Tooms et la chose qui avait pu laisser de telles marques bizarres en 1933 ou chez Usher. Elle se contenta donc de hausser les épaules et d'écouter son coéquipier parler.

— Je sais ce que tu penses, fit-il. Les deux images ne sont pas les mêmes, mais regarde...

Il choisit un programme, et grâce à la souris mit en surbrillance le majeur de la main de Tooms. Il appuya ensuite sur un autre bouton et étira l'image du doigt du suspect jusqu'à ce qu'elle soit aussi longue et déformée que celle trouvée sur les lieux du meurtre d'Usher.

Dana eut l'impression de prendre un coup sur la tête. Elle comprenait maintenant où il voulait en venir.

— Tu vois ça, Scully ?

Fox saisit ensuite l'image de gauche et la mit par-dessus l'autre.

Un petit carré rouge apparut en bas de l'écran :

SIMILARITÉ : 100 %

Scully chercha quelque chose à dire, mais elle était sous le choc.

— Mulder, ce n'est pas possible. Comment l'empreinte de Tooms pourrait-elle se trouver sur les lieux d'un crime commis voilà soixante ans ?

Fox haussa les sourcils.

— Je ne sais pas. Tout ce que je peux t'apprendre, c'est qu'Eugène Tooms est en liberté. Ils viennent de le relâcher.

# CHAPITRE 8

Il faisait déjà nuit quand Thomas Werner arriva devant chez lui. Il avait passé la journée au bureau. Il avait besoin d'un verre de scotch et de se coucher.

Thomas attrapa son attaché-case et ouvrit la portière de la voiture. Il se figea aussitôt sur place. Quelque chose semblait clocher ; il éprouvait une sensation de malaise.

Il resta immobile un instant, cherchant à identifier ce qu'il y avait d'inhabituel.

Le petit vent d'automne soufflait doucement par la porte ouverte de la voiture. Des feuilles mortes dansaient sur le trottoir, puis glissaient sur la route. Dans la journée, la rue où Werner habitait était toujours bruyante. Des enfants jouaient au ballon, sautaient à la corde. Mais il était tard et tout était silencieux. Si silencieux que Thomas Werner pouvait entendre le vent dans les branches des arbres, ainsi que le *ping* de son moteur qui refroidissait. Il eut soudain l'impression que s'il tendait suffisamment l'oreille, il allait entendre les battements de son propre cœur.

Le silence, voilà qui n'était pas un problème! Werner avait justement besoin de se reposer. Après tout, il avait acheté sa maison dans ce quartier parce que l'agence immobilière lui avait vanté son calme!

Il sortit de la voiture. La lumière à l'extérieur de sa maison s'alluma automatiquement dès que les capteurs détectèrent qu'il avançait sur l'allée qui menait à la porte.

Werner continua d'avancer, mais il avait toujours l'impression que quelque chose n'était pas normal. La lumière était blafarde et donnait un air sinistre au bâtiment.

Tu imagines des choses! se dit-il. Tout va bien, tout est en ordre, bien rangé, bien réglé, comme d'habitude!

Thomas Werner sortit ses clés et ouvrit la porte d'entrée.

La lumière de la lune était faible, mais la personne qui observait Werner n'avait pas besoin de lumière. Ses yeux brillaient d'une lueur jaune, inhumaine.

Tooms se tenait tapi dans les buissons de l'autre côté de la rue, à l'affût, attentif. Une fois que Werner eut refermé la porte, Tooms se leva. Il traversa la rue en deux enjambées et se dirigea aussitôt vers la maison, comme un animal suivant une piste.

Il passa juste devant le capteur qui allumait les lumières dès que quelque chose bougeait devant son objectif. Mais rien ne se produisit ; les lumières restèrent éteintes.

Werner ne s'était pas trompé. Quelque chose d'inhabituel flottait bien dans l'air : ce soir, il était un gibier, il était la proie d'un chasseur féroce.

Tranquillement, Tooms examina la demeure, cherchant par où il pourrait entrer. Toujours à quatre pattes, il avança en suivant les buissons et fit le tour de l'habitation. Il y avait des systèmes de sécurité à toutes les fenêtres et à toutes les portes. Werner avait bien fait équiper sa maison.

Soudain, Tooms s'immobilisa, décelant une cheminée en brique sur le toit ! Il avait trouvé le chemin qui le mènerait à son gibier !

Tooms grimpa sur le toit en s'accrochant aux aspérités des briques avec le bout des doigts. Il montait le long du mur avec autant de facilité qu'un lézard. Il se mouvait lentement, élégamment.

Il dépassa le premier étage, puis le second. Il

tendit le bras, attrapa le rebord du toit et se hissa avec une force et une aisance qu'aucun homme normal ne pouvait posséder.

Il s'approcha de la cheminée, regarda autour de lui. Rien, aucun obstacle.

Plus rien ne pouvait sauver Thomas Werner.

Werner était tranquillement dans sa cuisine. Il ôta sa cravate et fronça les sourcils en regardant son courrier : des factures, encore des factures... Les gens en voulaient tous à son fric ! Subitement, il s'arrêta de lire et leva la tête. Un bruit qui ressemblait au grognement sourd d'un homme en train de faire un effort physique résonna.

Non, se dit Werner, tu délires, vieux !

Il jeta sa veste sur un fauteuil et alla se servir un verre.

Pendant ce temps, sur le toit, Tooms regardait dans la cheminée. L'ouverture était étroite. Elle ne devait pas faire plus de quinze centimètres sur trente. Ce ne serait pas facile... Il se concentra, la sueur coulait sur son front. Puis il se pencha en avant, passa un bras dans la cheminée et s'étira. Il s'étira tant que les petits os de ses doigts se mirent à craquer. Il s'étira jusqu'à ce que sa main atteigne l'étage du dessous et trouve une grille à laquelle s'accrocher.

Lentement, Tooms passa la tête dans la cheminée. L'ouverture était encore plus petite qu'il ne le pensait. Il pouvait à peine passer son crâne ! Pas question que ses épaules suivent !

Avec un craquement sec, Tooms se disloqua l'épaule gauche puis la glissa dans le trou. Un autre craquement, et son autre épaule se démit. Tooms pouvait sentir l'odeur de la transpiration de Werner. Il pouvait sentir la chaleur de son sang dans son corps. Tooms ne pensait plus qu'à sa victime. Ce qu'il lui restait à faire, maintenant, était facile.

Grâce à sa force physique incroyable, Tooms commença à s'infiltrer dans la cheminée, dans le conduit, et à descendre.

Werner fronça les sourcils en entendant le *clic* qui venait du salon. Il fallait qu'il en ait le cœur net ! Il alla voir. Tout était normal.

Tout, sauf la plaque devant l'âtre. Elle était légèrement déplacée. De la cendre était tombée sur le tapis, et le vent soufflait dans la cheminée.

Werner commença à remettre la plaque en place, puis se ravisa : il allait faire un feu de bois ! Cela égaierait tout de suite la maison et l'aiderait à se relaxer un peu.

Il mit une grosse bûche sur les chenets, cala des brindilles et du papier tout autour.

Dix minutes plus tard, un bon feu craquait. Werner regardait avec satisfaction les flammes jaune et rouge danser.

Soudain, le feu s'éteignit d'un coup. Werner pensa qu'il y avait eu un courant d'air. Il alla prendre la boîte d'allumettes. Elle était vide. Le briquet sur la cheminée n'était plus là... bah, il avait dû le laisser dans la chambre. Voyons, réfléchit-il, où y a-t-il des allumettes ? Ah, oui : dans le tiroir de la cuisine !

Werner fit demi-tour pour aller vers la cuisine.

Ce fut son dernier mouvement.

Une silhouette qui ressemblait à un être humain mais qui ne pouvait pas en être un était en train de foncer vers lui, les yeux jaunes et brillants.

Werner n'eut même pas le temps de crier. Son assaillant lui enfonça d'un geste précis un chiffon dans la bouche. Terrifié, le malheureux essaya de se débattre, mais en vain. Il sentit une main d'une puissance incroyable le soulever du sol et le projeter contre le mur.

Werner se cogna la tête et tomba par terre.

Le combat était fini.

Eugène Tooms tenait sa proie.

# CHAPITRE 9

Thomas Werner avait vécu une vie très solitaire. Il recevait rarement de la visite. Mais le lendemain de sa mort, il y avait foule chez lui. Un groupe de policiers était en train d'essayer de comprendre et de reconstituer ce qui avait bien pu se passer ici la nuit précédente. Il fallait qu'ils trouvent une piste, des indices qui leur permettent d'identifier le tueur.

L'inspecteur Johnson, de la police de Baltimore, avait déroulé un mètre à ruban qu'il tenait avec un autre flic. Il mesurait la distance qui séparait le corps de Werner du mur.

Il annonça :

— Vingt-huit centimètres du mur sud.

Puis il fit signe à son assistant de lâcher le bout du mètre. D'après ce qu'il voyait, il pouvait affirmer que la victime était morte la veille au soir. Le corps n'avait pas été déplacé. Mais ce meurtre était tout aussi mystérieux que les autres : il n'avait aucune idée de la façon dont l'assassin avait pu pénétrer sur les lieux. Et le foie de la victime avait été prélevé.

Johnson se retourna en entendant des bruits de pas. Tom Colton, du F.B.I., venait d'arriver. Il avait l'air tendu et anxieux.

— Je veux que vous vérifiiez toutes les transplantations d'organes qui ont eu lieu ces dernières douze heures, ordonna-t-il. Il se peut que nous ayons affaire à un trafiquant qui vend des organes au marché noir. Beaucoup de gens dans les hôpitaux attendent des greffes, ils sont prêts à tout pour en obtenir une.

Johnson faillit éclater de rire :

— Attendez, vous vous foutez de ma gueule ? Des greffes ?

Colton rétorqua :

— Si vous avez une meilleure explication, donnez-la-moi ! Au point où on en est, je suis prêt à étudier toutes les hypothèses, est-ce que c'est clair ?... enfin, presque toutes les hypothèses...

L'énervement de Colton monta en flèche lorsqu'il aperçut Mulder et Scully qui passaient le pas de la porte.

Il alla vers eux immédiatement et les arrêta de la main :

— Désolé, Dana, mais je ne veux que des personnes de mon équipe sur les lieux du crime !

— Qu'est-ce qui vous arrive, Tom, sourit Mulder. Vous avez peur que je ne résolve l'affaire ?

Fox fit un pas en direction du corps. Colton l'attrapa par le bras et l'arrêta. Mulder se tourna et le regarda droit dans les yeux. Un agent du F.B.I. n'avait pas le droit de porter la main sur un collègue, c'était le règlement. Colton soupira et relâcha son bras mais se plaça entre lui et le cadavre.

Scully s'interposa :

— Messieurs, du calme ! Tom, nous avons le droit de venir enquêter ici, et tu le sais.

Les deux hommes se toisaient sans bouger. On aurait dit qu'ils faisaient un concours d'hypnose. Dana savait que Tom était aussi buté et fier que Mulder. Leur face-à-face risquait de s'éterniser, car ni l'un ni l'autre ne voulait capituler. Elle seule était en mesure de débloquer la situation.

Scully possédait un atout ; elle connaissait le point faible de Colton : son désir de faire une brillante carrière.

— Tom, fit-elle d'une voix ferme, si tu empêches un agent du F.B.I. d'enquêter et de faire son travail, je serai obligée de faire un rapport. Je pense que cela ne fera pas bonne impression dans ton dossier...

Tom la regarda froidement, et Dana comprit que leur amitié était terminée. Il s'écarta pour laisser passer Mulder, puis se tourna de nouveau vers elle et articula entre ses dents :

— De quel côté es-tu ?

— Du côté de la victime.

Elle laissa Tom méditer cette phrase et alla voir ce que la police locale avait découvert. Ils étaient en train de prendre des mesures afin de situer le corps par rapport au reste de la pièce. Ces flics semblaient s'être mis sérieusement à la tâche.

Le visage de Werner s'était figé en une expression d'horreur que Mulder n'avait jamais vue auparavant. Fox fit un effort afin de s'intéresser au cadavre avec un raisonnement humain. Il n'aimait pas penser aux victimes comme à des « cas », mais comme à des personnes aussi humaines et vivantes que lui. Ce malheureux n'avait rien fait pour mériter une mort aussi atroce.

Il regarda un des flics, qui déroulait un mètre à ruban depuis la main de Werner jusqu'à la cheminée.

Et Fox Mulder ouvrit des yeux ronds : il aperçut quelque chose que les policiers n'avaient pas vu — une marque de suie sur le devant de l'âtre... une marque en forme de doigt anormalement allongé !

— La distance entre la main gauche et le mur est de...

Johnson continuait à débiter ses mesures et son assistant prenait des notes sur un carnet.

Mulder alla regarder la cheminée de plus près.

Une personne qui n'aurait pas vu les empreintes déformées qui se trouvaient dans les dossiers du service des affaires non classées n'aurait jamais pu reconnaître dans cette trace de suie une marque de doigt. Mais c'en était une, pas très nette, mais exactement semblable aux autres empreintes laissées par le tueur sur la grille d'aération dans le bureau de Usher !

Fox regarda le dessus de la cheminée. La plupart des gens entassaient là des photos de famille, des coupes de tournois de tennis amateur — tout un bric-à-brac. Mais ici, chez le malheureux Werner, il n'y avait rien sur la cheminée, que de la poussière.

Mulder remarqua soudain une trace ronde. Un objet était resté suffisamment longtemps à cet endroit pour que la poussière se dépose autour et forme cette marque. Et quelqu'un l'avait pris.

Fox se retourna en entendant la voix de Scully :

— La victime s'appelle Thomas Werner. Il était âgé de cinquante-deux ans, célibataire...

Mulder l'interrompit en lui murmurant à l'oreille :

— C'était Tooms ! Et il a pris quelque chose qui se trouvait sur la cheminée !

## CHAPITRE 10

Mulder s'était installé devant une des visionneuses de microfiches du bureau central de la police de Baltimore. Des piles de microfilms étaient entassées sur le côté de la machine. Fox faisait défiler sur le petit écran photos et documents à grande vitesse.

Il appuya soudain sur le bouton *stop*, et lut le texte dactylographié qui brillait sur le moniteur : *Recensement de 1933*. Le recensement ! Oui, se dit Mulder, voilà qui allait lui permettre de savoir avec précision qui vivait à Baltimore à l'époque.

Fox fit avancer le film très lentement, passa quelques pages jusqu'à ce qu'il trouve ce qu'il cherchait. Il se pencha alors vers l'écran, excité par sa découverte : la feuille qu'il avait devant les yeux avait été remplie à la main. Il était écrit à la plume : *Nom — Eugène Victor Tooms*.

Mulder sourit et s'appuya de nouveau contre le

dossier de sa chaise, satisfait par cette découverte. Toute cette affaire commençait à avoir un sens.

La porte de la pièce s'ouvrit soudain ; Scully entra et s'avança vers lui. Elle tenait un dossier à la main.

— J'ai le rapport de la police, annonça-t-elle. Ils ont vérifié l'adresse que Tooms leur a donnée. Elle est fausse, Tooms n'a jamais habité là. Et, chose intéressante, Tooms n'est pas retourné à son travail depuis qu'on l'a libéré.

— Je le tiens, fit Mulder.

Dana le regarda d'un air interrogatif.

— Comment comprend-on le présent, d'après toi ? demanda-t-il. Mais tout simplement en étudiant le passé, ma chère Scully. Et voilà l'endroit où tout a commencé : en 1903, au 66 Exeter Street !

Dana regarda le document qu'il lui indiquait sur l'écran. Elle lut à voix haute le texte du formulaire de recensement :

— Eugène Victor Tooms. Date de naissance : inconnue. Adresse : appartement 103 du 66 Exeter Street. Profession : employé de la fourrière municipale pour chiens... Intéressant... notre Tooms exerce le même genre de métier...

— Et regarde maintenant l'adresse où a eu lieu le premier meurtre, dit Mulder.

Scully prit son dossier et fouilla jusqu'à ce qu'elle trouve la bonne fiche.

Ses yeux bleus s'agrandirent.

— Adresse de la victime : 66 Exeter Street, appartement 203. Mon Dieu ! soupira-t-elle en comprenant où Fox voulait en venir. Tooms a commencé par tuer son voisin du dessus !

Mulder haussa les épaules :

— Son voisin faisait peut-être « marcher sa chaîne » à des heures indues, et notre ami a fini par se fâcher.

Scully ne releva pas cette plaisanterie douteuse.

— Cet Eugène Victor Tooms doit être l'arrière-grand-père de notre Tooms ! s'écria-t-elle, enthousiasmée à l'idée de tenir enfin une piste qui ait un sens.

Fox l'arrêta tout de suite :

— Et les empreintes, Dana ? Souviens-toi : les empreintes digitales sont uniques, et toutes les traces trouvées dans ces affaires de meurtres correspondent à celles de *notre* Tooms !

Scully marmonna :

— Une anomalie génétique... il est possible que les empreintes digitales soient héréditaires dans sa famille... enfin... peut-être...

Fox ne répondit pas. Elle continua sur sa lancée :

— L'hérédité pourrait aussi expliquer son comportement social, criminel et névrotique.

Il fallait qu'elle trouve une explication rationnelle à tout cela. Il le fallait !

— Tu crois vraiment ce que tu dis, Dana ?

Elle fit signe que oui. Des souvenirs lui revenaient : des thèses qu'elle avait lues durant ses études à Quantico.

— Mulder, les névroses criminelles apparaissent dans une famille assez tôt. Il suffit qu'un parent élève ses enfants d'une façon anormale...

— ... pour qu'ils deviennent des névropathes comme papa et maman. Je sais, fit Fox.

— Exact. La plupart des enfants violents viennent de milieux violents. En tout cas, les tueurs en série viennent presque toujours de familles à problèmes. Imaginons qu'un tueur en série élève son gosse comme il a été élevé lui-même...

Mulder la regarda dans les yeux et demanda froidement :

— On obtient la famille de Bart Simpson ?

Scully haussa les épaules, à court d'arguments. Elle ne savait plus quoi dire pour convaincre Mulder du bien-fondé de son raisonnement... à dire la vérité, elle commençait à avoir des doutes elle-même... la famille de l'insupportable Bart Simpson...

Fox soupira.

— Ecoute, Scully. Peu importe qui a raison, ici. La première chose à faire, à mon avis, est de retrouver notre Tooms. Il a tué quatre fois, et nous savons qu'il va tuer une cinquième fois. Il faut l'attraper maintenant, sinon nous devrons attendre...

— Attendre trente ans, c'est-à-dire l'année 2023 pour l'attraper sur le fait, compléta Scully.

Fox hocha la tête.

— Je suis certain qu'en 2023 tu seras directrice du F.B.I., Scully, mais d'ici là nous pouvons entamer le boulot. Je suis en train d'éplucher le recensement de 1903. Je vais aussi vérifier les documents officiels, tels les actes de naissance, les contrats de mariage et les certificats de décès. Ensuite, je...

Il s'arrêta au milieu de sa phrase et prit un air épuisé pour ajouter :

— ... Mon Dieu, ça va me prendre des heures, tout seul ! Tu n'aurais pas un remontant genre vitamine C ?

— Bon, j'ai compris ! fit Scully en souriant.

Elle s'installa devant un autre écran et le mit en marche.

Pendant ce temps, Mulder retira le film qu'il était en train de visionner, le rangea, et en attrapa un autre sur le haut de la pile. La journée allait être longue et particulièrement monotone. Il remonta ses manches, dénoua un peu sa cravate.

Durant les heures qui suivirent, Mulder et Scully firent défiler des centaines de fiches, de photos, de coupures de presse. Les années semblaient défiler au compte-gouttes : 1903... 1904... 1905... Il fallait qu'ils vérifient chaque mois de chaque année, les registres des mariages, des naissances... il fallait qu'ils trouvent une trace quelconque de la famille Tooms.

Plusieurs heures plus tard, Mulder se passa la main sur le visage ; il souffrait de maux de tête et éprouvait des picotements dans les yeux. Il commençait à se demander s'il n'était pas en train de perdre son temps et celui de Dana. Non, décida-t-il, il fallait qu'il continue.

Il sentit soudain une petite tape sur son épaule. C'était Dana qui s'était levée de son siège pour s'étirer. Il lui sourit et demanda :

— Tu as trouvé quelque chose ?

Elle soupira :

— Rien de rien. La famille Tooms semble n'avoir jamais existé et notre ami Eugène Victor n'apparaît dans aucun dossier. Et toi ?

— Pareil. Apparemment, notre suspect n'est jamais né, ne s'est jamais marié et n'est jamais mort.

— Du moins pas dans le comté de Baltimore.

Mulder soupira. Elle avait raison. Il se pouvait que Tooms ait grandi et vécu dans une autre ville.

— J'ai trouvé un truc intéressant, cela dit, remarqua soudain Dana.

— Quoi ?

Elle lui passa un bout de papier sur lequel elle avait griffonné une adresse.

— C'est là que vit le flic qui a mené l'enquête sur les meurtres commis à Powhatan Mill en 1933.

# CHAPITRE 11

Mulder et Scully traversèrent rapidement le hall d'entrée de la maison de retraite Lynne Acress. Un groupe de pensionnaires s'étaient installés devant le poste de télé et regardaient « La Roue de la fortune ». La plupart d'entre eux étaient en fauteuil roulant. Le plus jeune devait avoir quatre-vingts ans. Le bâtiment sentait le désinfectant médical.

Scully détourna rapidement le regard. Ce genre d'endroit lui fichait le bourdon. Est-ce qu'ils arriveraient à trouver enfin une piste qui leur permettrait de coincer Eugène Victor Tooms en venant dans ce lieu sinistre ?

Un des employés s'avança vers eux :

— Je viens de prévenir Frank Briggs de votre arrivée. Il vous attend dans sa chambre. Numéro quatre-vingt-treize, septième étage.

— Merci, répondit Dana.

Cinq minutes plus tard, elle était avec Mulder

devant la porte de Briggs qui, curieusement, n'était pas fermée mais entrebâillée.

Fox frappa.

— Entrez, c'est ouvert ! fit une voix de vieillard.

Scully pénétra la première dans le studio.

La pièce était petite. Le lit avec sa couverture orange prenait presque toute la place. Une lampe et une vieille pendule traînaient sur le rebord de la fenêtre. La pendule faisait un boucan épouvantable. Les photos accrochées sur les murs témoignaient du passé de flic émérite de Briggs. On y découvrait entre autres un portrait de lui en uniforme, avec la brigade, son diplôme et son certificat du mérite de la ville.

Frank Briggs se tenait dans un fauteuil roulant près de la fenêtre. Il devait avoir quatre-vingt-cinq ans, se dit Scully. Il portait une chemise jaune dont les boutons étaient tendus sur son gros estomac qui contrastait avec la maigreur de son cou. Dana examina son visage. Briggs avait les cheveux blancs, une importante moustache et le nez déformé — sûrement le résultat de bagarres avec les mauvais garçons de son époque. Ses yeux bleus paraissaient démesurément grands derrière ses lunettes rondes.

Il se tourna vers ses deux visiteurs et leur fit signe de s'installer dans les petits fauteuils au bout de son lit. Dana et Fox s'assirent en silence.

— Ça fait vingt-cinq ans que je vous attends, dit enfin le vieillard après un long silence.

— Je vous demande pardon ?

— J'ai laissé tomber la police en 1968, mademoiselle, expliqua-t-il. J'avais fait quarante-cinq ans de service !

— Pouvez-vous nous parler des meurtres de Powhatan Mill ? demanda Mulder, pressé d'en arriver aux faits.

Le vieil homme hocha la tête.

— J'avais le grade de shérif, à l'époque...

Il s'arrêta et regarda le plafond, comme si parler de cela lui rappelait trop de souvenirs.

Scully vit immédiatement l'émotion dans ses yeux. Soixante ans après, se dit-elle, ce type est encore bouleversé quand on lui parle de cette affaire !

On n'entendait que le tic-tac régulier de la pendulette. Lorsque le silence devint trop insupportable, Briggs fit un effort, toussota, et leur fit signe de s'approcher de lui. Puis il commença son récit à voix basse. Il employait des phrases courtes — sa respiration ne semblait pas lui permettre de longues envolées lyriques.

— L'affaire de Powhatan Mill... mon Dieu, je n'avais jamais rien vu de tel ! J'avais pourtant eu droit à mon lot de cadavres, de sang et de tripes. Mais jusque-là, j'avais toujours été capable de rentrer chez moi, d'oublier immédiatement les macchabées et de jouer au base-ball dans la cour avec mes gosses. C'est comme ça qu'il faut faire quand on est flic... compartimenter, sinon on devient cinglé! N'est-ce pas?

Scully fit signe que oui. Si en quittant le bureau on n'était pas capable de tout oublier, alors il valait mieux changer de métier.

— Mais ces meurtres, à Powhatan Mill, étaient horribles ; quand je suis entré dans la pièce... j'ai eu l'impression que mon cœur s'arrêtait, que mes mains se glaçaient. Je pouvais... je pouvais le sentir...

— Sentir quoi? demanda Fox.

Scully regarda le vieil homme soulever ses lunettes pour essuyer ses yeux. Il pleurait.

— En 1945, expliqua-t-il, juste à la fin de la guerre, j'ai entendu un copain raconter ce qui s'était passé dans les camps de la mort nazis. Ça m'a rappelé cette chambre, à Powhatan Mill. Et puis, maintenant, je vois les Kurdes et les Bosniaques à la télé... et je repense toujours à la chambre...

— Je ne suis pas certaine de bien voir le rapport, fit Dana.

Le vieillard soupira longuement.

— Dans cette chambre, à Powhatan Mill, j'ai cru sentir que... tous les actes barbares, toutes les horreurs commis par les hommes avaient finalement donné naissance à un monstre humain. Et celui-ci avait laissé des traces de son existence... et de ses méthodes à Powhatan Mill. J'ai vu ce dont il était capable. J'ai vu les cadavres de ses victimes.

Briggs détourna le visage, comme s'il avait honte d'être aussi bouleversé.

Scully lui posa la main sur le bras.

— Nous comprenons ce que vous ressentez, monsieur Briggs, dit-elle. Nous aussi, nous sommes parfois confrontés à des cas insoutenables, nous savons ce que c'est.

Briggs prit une profonde inspiration et lui sourit.

— Vous n'avez jamais vu quoi que ce soit d'aussi insoutenable! Mais je vous attendais, je savais que vous finiriez par venir. Parce que je savais que ce monstre ne mourrait pas, ne s'arrêterait pas. J'attendais qu'il refasse surface.

Briggs regarda Mulder et demanda :

— Il a encore tué, c'est cela ?

— Quatre fois, répondit Fox.

Le vieil homme indiqua une malle le long du mur.

— Est-ce que vous pouvez rapprocher ce coffre de moi? C'est trop lourd pour un vieux bonhomme.

Fox s'exécuta. Il ouvrit le coffre et, sur les ordres de Briggs, en sortit une grosse boîte abîmée par le temps et les déménagements successifs. Le vieillard posa le carton sur ses genoux et fit pivoter son fauteuil de façon que Mulder et Scully puissent voir ce qu'il allait leur montrer.

Le vieux flic ouvrit le couvercle. La boîte contenait des dossiers.

Briggs soupira.

— Voilà tous les éléments que j'ai réussi à rassembler, les pistes, les détails, tout. Certaines choses ne sont pas... vraiment officielles. Jetez donc un coup d'œil.

— Pas vraiment officielles ? répéta Dana tout en aidant Mulder à ouvrir les dossiers.

Briggs toussa.

— Ouais, en 1963, j'ai tout de suite compris que les meurtres avaient été commis par la même... personne. La même qui avait tué en 1933. Mais en 1963, mes supérieurs considéraient que je n'étais plus bon qu'à remplir de la paperasse. J'étais trop vieux pour faire le travail de terrain, d'après eux du moins. Ils n'ont pas voulu que je m'occupe de cette affaire. Mais j'ai tout de même fait ma petite enquête. Je me doutais qu'un jour quelqu'un pourrait avoir besoin des éléments que j'allais récolter.

Scully aperçut dans le coffre un pot en verre. Elle le prit. Il contenait un liquide qu'elle identifia immédiatement : du formol. Des morceaux de tissus organiques flottaient dedans.

— Un bout du foie d'une des victimes ? s'enquit-elle.

— Exact, répondit Briggs. Il avait prélevé le foie et laissé ce morceau sur les lieux du crime.

Vous savez, à l'époque, il ne prenait pas que le foie en guise de trophée.

— Que voulez-vous dire? s'informa Mulder.

— A chaque fois, les familles des victimes nous signalaient qu'un objet, généralement personnel, avait disparu.

Mulder et Scully échangèrent un regard : un objet manquait effectivement chez Werner, sur la cheminée !

Briggs poursuivit son récit :

— Chez les Walters, il s'agissait d'une brosse à cheveux, chez Taylor, c'était une tasse à café.

Mulder se pencha vers le vieux flic et le regarda dans les yeux :

— Est-ce que le nom d'Eugène Victor Tooms vous dit quelque chose?

Le visage de Briggs changea d'expression :

— Tooms? Evidemment, regardez donc ça !

Il sortit un épais dossier du coffre, trop gros pour tenir dans la boîte avec les autres.

— Ils ne voulaient pas de moi sur l'affaire de 1963, sourit-il, mais j'ai accompli mon petit travail personnel. J'ai fait une planque, plusieurs même, et j'ai pris des photos.

Il parcourut un important paquet de clichés noir et blanc.

— Voilà, fit-il en en tendant un à Fox, voilà le nommé Tooms, Eugène Victor.

Mulder observa la photo sans dire un mot, puis la passa à Scully.

— Quand je dis que c'est Tooms, ajouta Briggs, je veux dire que c'était Tooms. Ce cliché est vieux de trente ans.

Tout était typique des années soixante sur la photo : les voitures, les panneaux publicitaires, les vêtements des passants. Mais Tooms, Eugène Victor Tooms, n'avait pas changé. Il n'avait pas vieilli d'un jour. Il était le même aujourd'hui que sur cette vieille photo ! Sur le cliché, il portait un uniforme de la fourrière municipale. Il paraissait un gamin effrayé, expression qu'il avait arborée durant tout son interrogatoire.

Scully frissonna en comprenant les implications de ce qu'elle venait de découvrir : Tooms n'avait pas changé du tout en trente ans !

Mulder prit une autre photo.

— Ah, celle-ci, commenta Briggs, c'est la maison où vivait Tooms, l'adresse était le...

— ... 66 Exeter Street ? fit Fox.

Briggs eut l'air content qu'il ait deviné.

— Oui, jeune homme !

Mulder passa le cliché à Dana. Elle l'examina. C'était un bâtiment de brique rouge qui ressemblait fort à un entrepôt d'usine, situé dans une rue étroite. Il y avait écrit sur le mur : *Pierre Paris & Fils*.

Scully devina que ce bâtiment devait avoir été édifié au début du siècle. Sa construction de brique et de poutres d'acier en était caractéristique.

Mulder se leva et serra la main de Briggs :

— Merci mille fois! Votre aide nous est précieuse. Viens, Scully, allons jeter un petit coup d'œil en vitesse au 66 Exeter Street!

Scully sentit un frisson la parcourir. Ils allaient se rapprocher de Tooms, et cela la terrifiait.

# CHAPITRE 12

Les mains de Scully serraient le volant. Elle regardait fixement les voitures devant elle, mais son esprit était ailleurs. Elle ne pouvait pas s'empêcher de penser à la conversation qu'ils venaient d'avoir avec le vieux policier.

— Qu'est-ce que tu as pensé de ce bon vieux Frank Briggs ? demanda-t-elle à Mulder.

Elle tourna et prit une rue qui menait vers les vieux quartiers de Baltimore. Ils se rendaient au 66 Exeter Street, là où la photo avait été prise, là où Tooms avait vécu.

— Je pense que c'est vraiment dommage qu'il soit à la retraite, répondit Fox. Briggs a toute sa tête. C'était un bon flic.

— Je voulais parler de sa théorie. Qu'en penses-tu ? Il dit que Tooms est un monstre, une espèce de condensé de nazi, comme si tout le mal du monde s'était concentré en sa personne.

Mulder haussa les épaules.

— Je ne suis pas certain que Tooms soit le Mal fait homme, comme Hitler l'était. Tooms doit se considérer comme quelqu'un de bien. Il est plus un animal qu'autre chose. Il tue pour assurer sa survie. Tu me diras, bien entendu, que le résultat est le même : des gens meurent. Tooms est un assassin dangereux qu'il faut arrêter à tout prix. Je suis d'accord.

Scully put enfin accélérer. Il y avait moins de circulation dans ce quartier de la ville.

Ce coin était sinistre ; il ne comportait ni boutiques ni bureaux, mais des entrepôts, pour la plupart désaffectés, de grandes bâtisses qui avaient dû être des usines dans le passé.

— Nous y voici ! annonça Dana en freinant.

Exeter Street était une rue étroite et sombre. Les buildings qui la bordaient empêchaient le soleil d'y pénétrer. On aurait dit une de ces voies sans issue si chères aux films noirs des années cinquante.

Scully indiqua le numéro recherché sur un des bâtiments.

— Quartier tranquille... murmura Fox.

— Quartier mort, tu veux dire, rétorqua-t-elle.

Des piles d'ordures s'entassaient devant la porte, la rue entière était répugnante. On aurait dit que personne ne s'était occupé de l'entretien du numéro 66 depuis un siècle. Il semblait que seuls les rats avaient pu y pénétrer.

C'était bien la maison reproduite sur la photo prise par Frank Briggs. Si Briggs et Mulder avaient raison, c'était ici que Tooms avait vécu en 1903 et en 1963. Mais où se terrait-il aujourd'hui ?

Dana sortit son arme et se dirigea vers la porte sur laquelle on avait cloué des planches pourries.

Il était temps d'obtenir quelques réponses à ses questions !

L'arme à la main, Dana entra dans le 66 Exeter Street. Mulder avait fait sauter la porte facilement à coups de pied. Elle sortit sa lampe de poche.

Ils se trouvaient dans un large hall. Tout était sombre. De la poussière flottait dans l'air. Une odeur épouvantable régnait : moisi, crottes de chat et détritus.

Les deux partenaires avancèrent silencieusement, chacun longeant un mur. Mulder sortit lui aussi sa lampe.

Arrivés au pied d'un escalier, ils échangèrent un petit signe. Ils allaient visiter les étages après avoir vérifié si personne ne se trouvait au rez-de-chaussée... question de stratégie : ils ne voulaient pas se faire prendre à revers par un cinglé comme leur suspect !

Scully avança la première dans le couloir qui menait à l'appartement 103 où Tooms avait habité.

— Nous y voici, murmura-t-elle.

Dana indiqua une vieille porte à demi pourrie.

Fox lui fit signe qu'il la couvrait. Elle tourna lentement la poignée. La porte s'ouvrit sans problème. Dana s'avança à l'intérieur de la pièce ; le plancher craqua sous ses pas.

L'endroit se trouvait à l'abandon. Les fenêtres étaient condamnées par des planches entre lesquelles filtraient des rais de lumière. Le bois se décomposait.

A part quelques bouts de papier gras sur le sol, le lieu était vide. Mais Scully ne put s'empêcher de faire une grimace de dégoût.

Mulder lui fit un geste :

— Le vieux avait raison, dit-il. On peut sentir... le Mal.

Rien dans ses études scientifiques n'avait préparé Dana à cela. Cette sensation subjective était exactement le genre de phénomène auquel elle se refusait à croire : une pièce vide ne pouvait pas avoir une atmosphère, ne pouvait pas émettre des ondes négatives. Pourtant, elle sentait que ces murs suintaient le Mal, que quelque chose d'horrible était arrivé ici... ou avait vécu ici. L'impression était aussi réelle et précise que le revolver dans sa main.

Elle balada le faisceau de sa lampe sur le mur. Il lui fallait du concret, du solide, des preuves ou des éléments qui tiendraient devant une cour !

— Il n'y a rien d'intéressant ici, soupira-t-elle. Viens, Mulder, on va au premier.

Mais Fox avait repéré un vieux matelas posé debout contre un mur. Il alla le regarder de plus près. Puis, l'ayant examiné sous toutes les coutures, le fit tomber au sol.

— Viens voir ça, Dana !

On avait pratiqué un énorme trou d'environ un mètre vingt de haut dans le mur. Juste assez grand pour qu'un homme puisse s'y glisser, se dit Scully. Elle éclaira l'intérieur de la cavité, et découvrit une échelle métallique qui descendait vers le sous-sol.

— Qu'est-ce qu'il peut bien y avoir en bas ? demanda Fox en fronçant les sourcils.

Elle passa son arme dans la ceinture de son pantalon.

— Aucune idée, Mulder, allons voir, nous serons fixés !

Dana passa par le trou sans hésiter et s'agrippa à l'échelle. Son collier en or tinta contre le barreau supérieur. Elle descendit en souplesse, lentement, prudemment.

Mulder la suivit.

Il y avait au moins quinze barreaux jusqu'en bas de l'échelle. Ils se retrouvèrent dans une salle entièrement obscure, sans aucune source de lumière. Scully alluma sa torche et la dirigea vers le plafond.

Des tuyaux suintants et rouillés leur apprirent qu'ils étaient dans la cave du bâtiment.

Il faisait froid et humide. L'atmosphère d'horreur était encore plus intense que dans l'appartement. Dana fit un effort pour se reprendre et ne pas frissonner comme une gamine. Il ne fallait pas qu'elle repense aux théories fantaisistes de Briggs, ni qu'elle laisse son imagination s'emballer.

Elle entreprit d'examiner le sol systématiquement avec l'aide de Mulder.

— Rien, fit-elle en secouant la tête. Nous sommes dans une vieille cave à charbon, voilà tout.

— Attends, qu'est-ce que c'est que ça? s'écria Mulder.

Il dirigea sa lampe vers quelque chose qui brilla dans la lumière.

— Qu'est-ce que c'est que ce bric-à-brac?

Fox s'avança.

Posés sur une caisse en bois se trouvaient plusieurs objets : une pipe, une tasse à café, un briquet, une blague à tabac, un petit sucrier en verre, une boule du type de celles qu'on vendait aux touristes, contenant une représentation de l'Empire State Building avec de la neige qui tombait dessus.

Mulder s'accroupit pour mieux examiner cette curieuse collection. Il prit le briquet et montra sa base à Scully.

— Regarde la forme, c'est ce truc qui se trouvait sur la cheminée de Werner.

Scully s'approcha.

— Briggs nous a dit que Tooms aime ramasser de petits objets personnels en guise de trophées.

— Tooms vit peut-être ici... murmura Mulder d'un air pensif.

Toujours à genoux, il éclaira le reste de la pièce. Le mur de l'autre côté était sale, humide et suintant.

— On dirait que ce mur est pourri, commenta Dana.

— Non, c'est simplement ce que quelqu'un veut nous faire croire, rectifia Fox.

Avant qu'elle ait pu lui demander ce qu'il entendait par là, il se redressa et alla examiner le mur en question. Elle le suivit. Et elle vit tout de suite qu'il avait raison. Quelqu'un avait collé avec du plâtre tout un assortiment de saletés : chiffons pleins de graisse, vieux journaux froissés, sacs-poubelle. Tous ces objets étaient entassés du sol au plafond et d'un côté à l'autre de la pièce. On aurait dit un faux mur, une cache.

— C'est un nid, fit soudain Mulder à voix haute.

Scully allait protester, mais elle s'aperçut soudain que le tout était recouvert d'une fine pellicule, comme un vernis jaunâtre. Il y avait une ouverture au centre de cet étrange édifice.

— Mulder, appela-t-elle, un trou... Tu crois qu'il y a quelque chose là-dedans?

Mulder haussa les épaules et tendit le bras vers l'intérieur. Scully s'apprêtait à faire la même chose quand elle réalisa soudain ce qu'était cette substance jaunâtre.

Elle faillit vomir sur place.

— Ô mon Dieu, Mulder... cette odeur... on dirait de la bile! Tooms a dû l'extraire du foie de ses victimes.

Fox avait déjà touché le nid. Il regarda ses doigts avec dégoût.

— Scully, tu crois que j'ai le temps de retirer ça de ma main avant d'être malade? fit-il d'une voix enrouée.

Elle ne prit pas la peine de répondre.

Fox essuya rapidement sa main sur le sol.

Il se redressa aussitôt, de nouveau maître de lui.

— Je ne pense pas que ce soit ici que Tooms habite, annonça-t-il. Mais c'est sans doute ici qu'il hiberne.

Scully haussa les sourcils. Et voilà, Mulder était en train de faire de cette enquête une affaire non classée!

— Attends, Mulder, que veux-tu dire par hiberne?

— Imaginons une mutation génétique qui permette à un homme de dormir trente années sans se réveiller.

Scully ferma les yeux. Il délirait, une fois de plus. Comment le lui dire sans le vexer?

— Ecoute, Mulder, je pense...

Mais il était trop enthousiasmé par son idée pour s'interrompre si facilement. Il poursuivit:

— Peut-être que les cinq foies humains lui servent à se maintenir en vie pendant son sommeil. Les substances contenues dans ces foies doivent lui permettre de ne pas vieillir. Tooms est peut-être le fruit d'une mutation génétique !

Scully réfléchit cinq secondes, puis haussa les épaules. Non... ce nid et la boîte avec les trophées étaient vraiment répugnants, mais il ne s'agissait pas pour autant de se laisser emporter par des idées folles... Une mutation génétique !...

Dana se contrôla. Elle n'avait pas le temps de discuter de cela avec Mulder en cet instant précis. Fox était une tête de mule, la discussion durerait des heures. Et ils avaient un objectif beaucoup plus urgent à atteindre, quelque chose de vital.

— En tout cas, Tooms n'est pas ici, mais il va sûrement revenir, déclara-t-elle.

Mulder sourit.

— Oui, et nous allons lui préparer un petit comité d'accueil !

Dana soupira. Elle savait qu'il n'allait pas être facile d'obtenir le soutien de la hiérarchie et des renforts. Colton avait, dès le début, été opposé à ce que les affaires non classées, c'est-à-dire Mulder, prennent les choses en main dans cette affaire.

— Il va falloir jouer des coudes, murmura-t-elle.

— O.K., dans ce cas, vas-y, Dana. Moi, je reste ici et je monte la garde...

Elle se redressa.

— D'accord, Mulder.

Ils se dirigèrent de nouveau vers l'échelle afin de remonter à la surface. Mais au moment d'agripper le premier barreau, Scully fit signe à son partenaire de ne pas bouger.

— Ecoute ! murmura-t-elle. Tu as entendu ?

Mulder pivota immédiatement, l'arme à la main.

— Quoi ?

Scully se reprit.

— Non rien, juste une impression... je n'ai pas vraiment entendu... j'ai... je ne sais plus.

— Alors, grimpe !

— Attends, je me suis accrochée à quelque chose... Ça va, c'est bon, je monte.

Mulder la suivit hors de la cave.


Si Mulder et Scully avaient examiné plus attentivement les tuyaux qui couraient sur le plafond de la cave, ils auraient aperçu une main qui tenait le collier en or de Dana.

Et s'ils avaient regardé encore plus attentivement, ils auraient aperçu les yeux jaunes et lumineux de Eugène Victor Tooms. Il avait été présent pendant toute leur conversation. Et maintenant, il les regardait partir.

Sa main s'était refermée sur le tour de cou de Scully.

Pour chaque victime, un trophée.
Quatre victimes, il lui en fallait une cinquième.
Il venait de la trouver.
Tooms avait choisi sa prochaine proie.

# CHAPITRE 13

Mulder était assis dans sa voiture garée juste en face du numéro 66 d'Exeter Street. Même en plein milieu de la journée, ce bâtiment avait l'air étrange, hanté. On pouvait sentir que la maison cachait un horrible secret. Fox avait l'impression que les murs suintants et sales étaient vivants et que leur âme aurait aimé déverser le Mal sur la ville. Les ténèbres qui régnaient dans le vieux building étaient maléfiques.

Il fouilla dans sa poche et en sortit un mouchoir avec lequel il s'essuya les mains... pour la troisième fois! Il savait que c'était idiot, mais il ne pouvait pas s'en empêcher. Il n'arrivait pas à chasser de son esprit la sensation qu'il avait ressentie en touchant la bile qui recouvrait le nid de Tooms... et impossible d'en oublier l'odeur! Fox savait maintenant sans le moindre doute que Tooms n'était pas un homme comme les autres.

C'était un monstre humain, comme avait dit Briggs. Il infectait tout ce qu'il touchait, tous les lieux où il allait.

Mulder se tortilla sur le siège de sa voiture. Il s'impatientait. Attendre faisait partie de son travail, mais il avait toujours détesté ça.

Il aperçut soudain dans le rétroviseur un individu d'une cinquantaine d'années qui venait à sa rencontre. Il ne broncha pas. L'homme monta à l'arrière de la voiture. Il portait un costume bien coupé. Quelques instants plus tard, un autre type en costume-cravate s'asseyait sur le siège à côté de Fox. C'était eux qu'il attendait : les agents Kennedy et Kramer, section criminelle du F.B.I.

Fox regarda ostensiblement sa montre.

— Vous en avez mis du temps !

Kramer passa la main sur son crâne chauve.

— Bon, Mulder, redis-nous un peu qui on est supposés chercher ?

Fox lui passa la photo de Tooms et le rapport qui avait été fait lors de son arrestation.

— Il s'appelle Eugène Victor Tooms. Il n'est pas armé mais il est extrêmement dangereux.

Les deux hommes hochèrent la tête d'un air entendu. Ils étaient plus âgés, plus expérimentés et surtout plus baraqués que Mulder. A voir leur expression, ils avaient pour ainsi dire déjà passé les menottes à l'ami Tooms ; du gâteau pour des vieux routiers comme eux !

— Dana Scully et moi serons de retour dans

environ huit heures pour vous relever... enfin, si vous n'avez pas coincé le bonhomme d'ici là, bien entendu, messieurs.

Kennedy sourit :

— On sera ici, ne t'en fais pas. Tu peux retourner sur Mars tranquille, Mulder !

Les deux hommes éclatèrent de rire. Fox hésita, ne sachant comment réagir. Il choisit de ne pas répondre. Après tout, ses collègues pouvaient l'appeler comme bon leur semblait, il s'en moquait, du moment qu'ils faisaient leur boulot. La seule chose qui importait aujourd'hui, c'était qu'on attrape Tooms avant qu'il ne tue de nouveau.


Assise dans un des petits bureaux du Q.G. de la police de Baltimore, Scully regarda sa montre et soupira. Il était presque six heures et demie de l'après-midi. Elle avait encore deux heures devant elle avant d'aller retrouver Mulder à Exeter Street pour la planque. Autant mettre ces deux heures à profit. Dana avait envie de prendre un bain et de changer de vêtements. Elle allait rentrer chez elle. Il fallait de toute façon qu'elle bouge, qu'elle oublie ce qu'elle avait vu chez Tooms, et surtout l'odeur...

Elle commençait à ranger ses affaires dans son attaché-case quand Tom Colton entra. Il avait l'air furieux et claqua la porte si violemment que le panneau de verre trembla. Scully crut un instant qu'il allait se briser en mille morceaux.

Elle haussa les sourcils : Tom avait quelque chose sur le cœur. Il n'avait jamais su cacher ses émotions.

Il jeta un papier sur la table et déclara :

— Il faut qu'on parle !

Scully savait parfaitement ce qui le tracassait, mais elle n'avait pas du tout envie de se lancer dans une engueulade maintenant. Elle avait besoin de recharger ses batteries.

— Je ne peux pas parler maintenant, Tom, dit-elle. Mulder m'attend pour une planque et je...

— Justement, c'est de cela que je veux qu'on discute !

Il se pencha et posa ses poings sur la table pour la regarder dans les yeux.

— Dana, deux des meilleurs agents de la section criminelle sont en train de faire le pied de grue, de perdre leur temps, devant un building qui est à l'abandon depuis des décennies !

Dana décida de ne pas s'énerver.

— Tom, cela ne gêne en rien ton enquête, que je sache.

Colton prit une expression plus dure avant d'ajouter :

— Tu sais, lorsque nous avons déjeuné ensemble, il y a quelque temps, je pensais que ça allait être vraiment super de travailler avec toi. Tu étais un bon agent, Dana. Mais maintenant je me rends compte que ce connard de Mulder t'a fait un lavage de cerveau ! Je n'ai plus du tout envie de bosser avec toi.

Scully prit sa sacoche et se leva. Colton se conduisait comme un enfant gâté à qui on aurait piqué sa petite voiture. Elle n'avait plus rien à lui dire.

Au moment où elle allait quitter la pièce, Tom annonça d'une voix forte :

— Pas la peine de te presser, Dana. J'ai fait annuler la planque !

Elle pivota.

— Quoi ? s'écria-t-elle, laissant sa colère éclater. Tu as fait quoi ? Tu n'as pas le droit ! Est-ce que tu te rends compte de...

Il lui sourit d'un air narquois :

— Non, je n'ai pas le droit, mais le superviseur régional, lui, si ! Et je lui ai expliqué comment Mulder faisait perdre du temps à des agents de première classe.

Scully n'écouta pas le reste de son petit discours triomphal. Elle se précipita vers le téléphone. Mais Colton l'attrapa avant elle :

— Je t'en prie, Dana, laisse-moi le plaisir d'annoncer la bonne nouvelle à Mulder !

Scully avait envie de lui coller son poing dans la figure. Elle se retint et le regarda composer le numéro sur l'appareil. Dire qu'ils étaient à deux doigts d'attraper Tooms et que cet imbécile allait tout faire rater simplement pour une histoire d'amour-propre !

— C'est avec des coups foireux comme celui-ci que tu comptes gravir les échelons de la hiérarchie ? demanda-t-elle.

Tom rayonnait.

— Exactement, ma chère. Je vais monter jusqu'en haut !

— J'espère que tu vas te casser la gueule, Colton, et j'espère être là pour assister au spectacle.

Colton regarda Dana quitter la pièce, blême de colère. Il se contenta de sourire. Voilà qui mettait un point final aux agissements de Mulder et de Scully ! Ils allaient le laisser travailler sur *son* affaire tranquillement et, surtout, seul !

Le répondeur de Mulder se mit en marche à l'autre bout du fil.

*« Ici Fox Mulder. Je ne suis pas là, laissez-moi un message après le bip sonore, merci. »*

Colton prit une longue respiration en attendant le bip. Oh oui, il allait lui laisser un message, et avec le plus grand plaisir !


Scully rentra chez elle, profondément contrariée. Elle dut faire un effort pour conduire prudemment. Son esprit repassait sans cesse tous les éléments de l'affaire. C'était comme un manège, un cercle infernal. Elle ne contrôlait plus ses pensées.

Faisant un effort de concentration, Dana repensa à Briggs. Le vieux flic leur avait dit qu'il fallait tout oublier de l'affaire sur laquelle on bossait lorsqu'on rentrait chez soi. C'était, d'après lui, le seul moyen de ne pas devenir fou.

Scully comprenait parfaitement ce qu'il voulait dire. D'habitude, le simple fait d'arriver dans la rue où elle habitait — une rue résidentielle et élégante — suffisait pour la détendre. Mais ce soir, il faudrait bien plus que cela pour lui faire oublier le travail. L'affaire Tooms allait la hanter toute la nuit, elle le savait déjà.

Dana gara sa voiture devant chez elle et se dirigea vers le porche. La lumière était allumée.

Ce qu'elle ne savait pas, c'était qu'elle rapportait effectivement des éléments de l'enquête à la maison...

Eugène Victor Tooms était caché sous la voiture garée juste devant la sienne...

Il la suivait du regard, sans la perdre des yeux une seule seconde.

La proie allait bientôt lui appartenir!

# CHAPITRE 14

La nuit était tombée sur la ville. La plupart des gens étaient déjà rentrés chez eux. Ils avaient fini leur journée de travail. Personne sur les trottoirs. Mulder, lui, savait que sa nuit allait être longue. Il retournait à Exeter Street. Fox avait passé la journée à tourner en rond, à ronger son frein. Il avait été incapable de manger ou de dormir, et il n'avait pas non plus réussi à se concentrer pour travailler un peu et préparer le rapport sur cette affaire macabre.

Théoriquement, il n'aurait dû regagner Exeter Street que deux heures plus tard, mais il ne pouvait plus attendre sans rien faire. Impossible de se tourner les pouces quand on venait de trouver le nid de Tooms, quand on était sur le point de le coincer !

Il prit un virage et entra dans la rue maudite. Il se gara en face du 66. Pas de lumière dans la ruelle. L'ombre des buildings était menaçante et s'élevait vers le ciel où brillait la lune. Un peu plus loin, de la vapeur sortait d'une bouche d'aération du chauffage urbain. L'endroit était vide, désert et sale.

Mais il devrait y avoir au moins deux personnes ici... se dit soudain Mulder. Il regarda sa montre. Kennedy et Kramer devraient être là, en train de surveiller le numéro 66.

Il descendit de son véhicule et regarda autour de lui. Personne, pas un signe de vie. La voiture des deux agents n'était pas là non plus.

— Il y a quelqu'un? appela-t-il. Hé, Kramer? Kennedy?

Pas de réponse.

— Scully, tu es là?

Toujours pas de réponse.

Fox fronça les sourcils. Il avait un mauvais pressentiment.

Quelque chose n'allait pas.

Il courut vers le bâtiment.

Scully entra chez elle. Elle avait emménagé ici immédiatement après avoir reçu son diplôme de Quantico. Elle s'était donné beaucoup de mal afin de faire de cet appartement un endroit où il serait facile d'oublier le travail. Les pièces étaient bien éclairées et les murs tapissés de couleurs vives. Tout était propre, bien rangé.

Mais ce soir, Scully se moquait de ce à quoi ressemblait son intérieur. Elle jeta ses chaussures en poussant un soupir et lança son manteau sur le sofa. Elle était toujours furieuse après Colton. Ce salaud... oser annuler la planque ! Elle se demandait comment cet abruti avait présenté la chose à ce pauvre Fox, et surtout comment celui-ci avait pris la chose.

Dana alla se servir un verre d'eau et prit son téléphone sans fil.

Elle composa le numéro de Mulder et soupira en entendant que son répondeur était toujours branché.

Pourquoi est-ce que son partenaire n'était jamais chez lui quand elle avait vraiment un besoin urgent de lui parler ?

— Mulder, salut, c'est Dana, dit-elle après le bip. Je suppose que tu es allé faire ton jogging, puisque cet abruti de Colton nous a donné quartier libre. Personnellement, je suis totalement furax. Je pense que nous devrions déposer une plainte officielle contre lui. Rappelle-moi quand tu seras rentré. Bye-bye.

Elle raccrocha le téléphone et se dirigea vers la salle de bains. Elle adorait la grosse baignoire à l'ancienne qu'elle avait achetée : avec de gros pieds en forme de pattes de grenouille. Dana avait choisi avec soin le carrelage du mur et la petite étagère. Elle collectionnait les huiles pour le bain, les savons parfumés. Le petit vasistas près de la baignoire permettait d'aérer la petite pièce. La lumière de la rue traversait le carreau, donnant différentes teintes au carrelage.

Scully ouvrit les robinets d'eau chaude et d'eau froide et régla la température jusqu'à ce qu'elle lui convienne. Elle espérait que Mulder la rappellerait ce soir, sinon elle ne dormirait pas. Il fallait qu'ils parlent de ce salopard de Colton ! Et surtout, il fallait arrêter Tooms avant qu'il ne tue de nouveau.

Elle allait remonter ses cheveux pour se faire un chignon le temps de prendre son bain, quand elle se souvint subitement qu'elle avait laissé sa brosse à cheveux dans son sac à main.

Dana se dirigea vers la chambre à coucher.

C'est pour cela qu'elle ne vit pas la silhouette de l'homme qui se profilait derrière le vasistas.

Mulder poussa la porte du 66 Exeter Street et entra dans le bâtiment tout en continuant à se demander où avaient bien pu passer Kennedy et Kramer. Il ne pouvait s'empêcher de se souvenir que Tooms avait déjà tué à plusieurs reprises dans cette maison, et il espérait sincèrement que ses deux collègues ne s'étaient pas fait piéger par ce dangereux psychopathe. Kramer et Kennedy étaient des professionnels, mais tout le monde pouvait se faire prendre par surprise.

Fox alluma sa lampe de poche d'un geste rapide

et avança jusqu'à l'appartement 103. La porte était encore ouverte, comme il l'avait laissée quand il était venu avec Scully.

Dès qu'il entra dans la pièce, les battements de son cœur s'accélérèrent. Jamais il n'avait perçu aussi nettement la présence du Mal, son existence physique. Mulder fut immédiatement certain, sans savoir comment, que Tooms était revenu ici. Il sentait sa présence...

La première idée de Fox aurait été de détaler à toutes jambes. Mais il fallait qu'il reste, même si cela impliquait de se retrouver face à face avec ce monstre répugnant.

Le matelas qui cachait normalement le trou dans le mur était par terre, comme Scully l'avait laissé. Mulder s'avança, sortit son arme et se pencha par l'ouverture pour voir ce qu'il y avait en bas.

Il promena la lumière de sa lampe sur les barreaux de l'échelle, puis sur le sol de la cave à charbon juste en dessous.

Rien, personne.

Mulder jura... Pourtant il sentait, savait que Tooms était revenu ici! Il ne comprenait plus rien.

Le cœur lui défonçant la poitrine, Fox se glissa dans le trou et descendit l'échelle en serrant les dents. Il était maladroit avec la lampe dans une main et son arme dans l'autre.

Il se retourna dès qu'il arriva en bas de l'échelle et pivota, s'attendant au pire.

Personne ici non plus.

La boîte contenant les trophées de chasse était toujours là, le briquet de Werner...

Mais cette fois-ci, il y avait un nouvel objet, un nouveau trophée, et Mulder sentit son sang se glacer dans ses veines, car il le reconnut immédiatement : le petit tour de cou en or de Scully!

# CHAPITRE 15

Scully se trouvait dans sa chambre, face à son miroir. Elle était en train de remonter ses cheveux et de les attacher pour pouvoir aller prendre son bain. Mais elle ne voyait même pas sa propre image dans la glace. Son esprit était ailleurs. Elle ne pouvait s'empêcher de repenser à l'enquête et à Tooms. Ils avaient failli l'attraper, et Colton avait tout fichu en l'air. Quel imbécile !

Et si Mulder avait raison ? se dit-elle soudain. Et si Tooms était réellement une espèce de mutant capable d'hiberner pendant trente ans ? Ensuite, à son réveil, il se maintient en vie en mangeant le foie de cinq personnes. Peut-être que Tooms est né au siècle dernier, peut-être que c'est vraiment lui qui a commis les crimes de 1903. Il ne vieillit jamais, ou du moins il vieillit au ralenti.

Dana soupira. Non, elle était et restait une

scientifique avant tout. Il lui faudrait des preuves concrètes avant qu'elle accepte de croire à un truc aussi dingue ! Pour le moment, Eugène Victor Tooms était un psychopathe, un tueur comme les autres, point final !

Elle regarda sa montre. Mulder n'allait sûrement pas l'appeler tout de suite. Elle avait donc le temps de prendre un bain. Après cela, s'il n'avait toujours pas donné de nouvelles, elle irait voir ce qui se passait du côté d'Exeter Street. Il était fort possible que Fox ne vérifie pas son répondeur téléphonique et fasse la planque tout seul. Dans ce cas, elle se devait d'être à ses côtés. A eux deux, ils surveilleraient la maison de Tooms, toute la nuit s'il le fallait !

Pas question de laisser ce crétin de Colton faire échouer leur travail sur cette affaire.

Dana retourna dans la salle de bains. Il était temps : la baignoire allait déborder. Elle ferma les robinets et tendit la main vers les petites étagères chargées de lotions moussantes et d'huiles essentielles. Son choix se porta sur un petit flacon bleu.

Elle versa lentement le liquide dans l'eau et une douce odeur se dégagea, embaumant toute la pièce.

Scully commençait à déboutonner son corsage, quand elle s'aperçut qu'elle avait oublié son épais peignoir en éponge dans la chambre. Décidément, cette affaire Tooms lui tapait réellement sur le système! Elle devait faire un effort et se détendre...

... à moins, bien entendu, qu'elle ne soit tout simplement en train de perdre les pédales. En tout cas, il fallait qu'elle prenne son peignoir. Elle retourna donc vers sa chambre.

Soudain, en levant la main pour tourner le bouton de la porte, elle vit une tache jaunâtre et liquide sur son poignet.

Qu'est-ce que c'est que ça? se dit-elle. Le produit moussant que j'ai pris est bleu, et de toute façon je n'en ai pas renversé!

Elle réfléchit à la question un court instant. Et une idée horrible lui vint : la maison était vieille... c'était encore le voisin du dessus qui avait laissé déborder sa baignoire comme elle venait de manquer de le faire... une fuite! Mon Dieu, le plafond tout neuf...

Dana se précipita de nouveau dans la salle de bains. Il y avait bien une trace jaune sur le plafond, mais ce n'était pas une fuite. La marque se trouvait près du vasistas, et ressemblait plus à de la crasse qu'à une infiltration venant du mur.

Non... Scully sentit la panique s'emparer de son esprit. Elle fit un effort surhumain et tendit la main vers le liquide jaune. Elle y trempa les doigts avec dégoût.

L'odeur — elle connaissait cette odeur!

Dana eut soudain conscience qu'elle n'était pas seule. Son visiteur pouvait être n'importe où dans son appartement. De toute façon, Tooms était capable de se glisser dans un tuyau, par un petit vasistas... il pouvait se trouver dans tous les coins !

Scully retoucha la substance pour être absolument certaine de ce que c'était.

— Ô mon Dieu ! murmura-t-elle en rapprochant ses doigts de ses narines.

C'était de la bile, de la bile humaine.

Mulder était en train de devenir fou et trépignait dans sa voiture. Il voyait toujours, loin devant lui, les flashes rouges et bleus des gyrophares. Non, ce n'était pas vrai ! C'était bien le moment idéal : un accident sur la route qui menait chez Dana ! Cela faisait vingt minutes que les voitures n'avaient pas bougé.

La seule pensée qui hantait Mulder était ce qu'il venait de trouver dans le sous-sol du 66 Exeter Street : le tour de cou de Dana. Si Tooms avait pris son collier pour l'ajouter à sa collection de trophées de chasse, cela voulait dire qu'il voulait faire d'elle sa prochaine victime.

Mulder attrapa son téléphone et composa le numéro de Dana. Cela faisait vingt fois qu'il essayait de la joindre. Il l'appelait sans cesse depuis qu'il avait quitté Exeter Street.

Mais une fois de plus, le téléphone de Scully sonnait, sonnait encore... sans plus de réponse.

Cela troublait fortement Mulder. Dana avait un répondeur. Soit elle était là et elle décrochait, soit elle n'était pas chez elle et le répondeur aurait dû se mettre en marche automatiquement... ou alors...

— Allez, Scully réponds, murmura-t-il entre ses dents, réponds, je t'en supplie !

Mais la même sonnerie régulière continuait de résonner dans l'appareil. Et cela inquiéta Fox encore plus que le fait d'avoir trouvé le collier de Dana dans l'antre de Tooms.

Il soupira de soulagement lorsque, enfin, les gyrophares s'arrêtèrent de clignoter et que les voitures devant lui avancèrent.

Il essaya une dernière fois le numéro de Dana, le temps que la colonne de véhicules se mette à rouler à une vitesse acceptable, et finit par jeter le téléphone sur le siège à côté de lui.

Mulder écrasa l'accélérateur.

Il ne lui restait plus qu'à espérer que Scully avait une raison personnelle pour ne pas décrocher, comme l'arrivée d'un petit ami à l'improviste.

Mais ce que Mulder ne savait pas, c'était que Dana ne pouvait pas décrocher pour lui répondre, car le téléphone ne sonna jamais chez elle. Dans la cave de son immeuble, on avait sectionné les fils. Fox pouvait toujours s'acharner à appeler, il n'obtiendrait jamais de réponse. Dana était coupée de tout contact extérieur, et la présence discrète rôdait.

Scully eut l'impression d'être paralysée. Elle se reprit immédiatement : c'était un effet classique de la peur.

Et il était bien naturel qu'elle eût peur, elle était coincée dans son appartement avec Tooms ! Une seule phrase lui venait à l'esprit, une seule idée : *Tooms est ici et je suis sa proie !*

Elle s'obligea à prendre une profonde inspiration, et la panique disparut pour céder la place à son instinct d'agent bien entraîné. Elle se précipita dans sa chambre ; c'était là qu'elle avait laissé son revolver de service.

Ordre du jour : prendre son arme avant toute chose !

Elle n'avait laissé allumée que la petite lampe de la table de nuit. Tooms pouvait se tapir dans l'ombre : sous le lit, derrière la table de chevet, dans le placard.

*Mon Dieu, faites qu'il ne soit pas ici, pas dans cette pièce !* murmura-t-elle.

Dana fonça vers le petit bureau qui se trouvait malheureusement dans la partie la plus mal éclairée de la chambre. Elle fouilla, souleva des papiers, poussa son ordinateur portable... Pour-

tant, elle était certaine d'avoir laissé son arme ici !
Où était donc passé son revolver ?

Elle fit un effort de réflexion... voyons, elle était
rentrée, ensuite elle avait voulu prendre un bain
et... il était dans son sac à main ! Elle s'en souvenait maintenant. Et le sac à main était sur le lit.

Elle se jeta carrément sur le lit, ouvrit son sac et
referma les doigts sur le métal froid et dur de son
arme. Victoire ! Maintenant, elle n'était plus la
proie mais le chasseur.

Tenant le revolver des deux mains, le doigt sur
la détente, elle entreprit, comme à l'exercice, de
chercher Tooms dans l'appartement, en partant
du principe qu'il pouvait être absolument
n'importe où.

Elle appuya avec son épaule sur le commuta-
teur électrique et la lumière s'alluma dans la
chambre. Dana regarda sous le lit, dans le placard, sous la table... il avait les moyens de se glisser partout ; elle devait garder cela à l'esprit si elle
voulait s'en tirer !

Mais elle était seule dans la pièce. Donc, Tooms
se tenait ailleurs dans l'appartement. Elle sentait
sa présence. Mais où se cachait-il ?

Lentement, elle retourna dans le living et vérifia
immédiatement la cheminée (elle se souvenait
trop bien des traces trouvées sur la cheminée de
ce malheureux Werner !). Rien. Est-ce que Tooms
était dans la salle de bains ? C'était possible. Il y

avait un conduit de ventilation au-dessus de la baignoire.

Dana se colla contre le mur, près de la porte de la salle de bains, et arma son revolver. Comme un animal, elle tendit tous ses muscles et écouta, espérant déceler un indice qui lui indiquerait où le monstre se trouvait ; sa respiration, par exemple.

Mais rien que le silence.

Elle entra dans la salle de bains et pointa immédiatement son arme en direction du conduit d'aération. Soudain, un bruit derrière elle. Dana pivota sur ses talons.

Personne...

Elle se pencha pour vérifier la grille du chauffage en dessous du lavabo... toujours rien ! C'était à en devenir folle !

Elle se tourna de nouveau vers la baignoire en soupirant profondément.

Dana n'eut pas le temps de voir la plaque du conduit d'aération bouger. Elle entendit le craquement sinistre résonner dans la pièce. Le panneau vola littéralement et alla se fracasser contre le mur, juste en face d'elle !

Immédiatement, Tooms sauta sur Scully et lui attrapa les jambes pour la faire chuter.

Dana tomba lourdement et lâcha son arme.

Le revolver glissa sur le carrelage et alla heurter la baignoire. Impossible de l'attraper, de là où elle était.

Scully se débattit, mais Tooms avait une force surhumaine et l'empêcha de se relever.

Paralysée par la peur, elle le regarda dans la pâle lumière de la lune qui passait par le vasistas. Il n'avait plus du tout l'air d'un gamin innocent. Tooms était un prédateur qui s'apprêtait à dépecer et à dévorer sa proie.

Dana et le tueur se mesurèrent du regard, comme s'ils voulaient jauger leur volonté. Puis Tooms poussa un rugissement animal et la tira vers lui.

Scully savait qu'elle ne s'était jamais battue contre un tel adversaire ; ce combat serait le dernier pour elle si elle ne le gagnait pas !

## CHAPITRE 16

La voiture de Mulder s'arrêta devant chez Scully dans un bruyant crissement de freins. Il bondit hors du véhicule et s'arrêta.

Tout était silencieux.

Il regarda autour de lui, puis leva la tête pour vérifier s'il y avait de la lumière au quatrième. Scully était bien rentrée chez elle, de toute façon : sa voiture était là. Il était prêt à parier que Tooms était également au rendez-vous.

Mulder courut vers l'entrée de l'immeuble et grimpa l'escalier. Il ne voulait pas prendre l'ascenseur et risquer de se retrouver bloqué entre deux étages.

Il monta les marches quatre à quatre et s'engagea dans le couloir jusque devant la porte de Dana.

— Scully? appela-t-il tout en tambourinant.

Pas de réponse.

— Scully, est-ce que tu m'entends?

Toujours pas de signe de vie. Il tourna la poignée. La porte était fermée. Scully suivait les instructions du F.B.I. : un agent doit être encore plus prudent au niveau de sa sécurité personnelle qu'un citoyen ordinaire.

Mulder colla son oreille contre le panneau de bois. Il entendait des bruits sourds qui venaient de l'intérieur. On aurait dit que deux personnes... se battaient !

Au moins, Dana est toujours vivante! se dit-il. Mais il allait falloir qu'il agisse vite, très vite, s'il voulait la sauver des griffes du monstre. Scully n'avait plus, en théorie, que quelques minutes à vivre.

Dana n'avait qu'un seul moyen de s'en sortir vivante : il fallait qu'elle arrive à se dégager de l'étreinte de Tooms et qu'elle attrape son revolver. Si elle n'y parvenait pas, elle était condamnée.

Elle s'agrippa désespérément au cadre de la porte de la salle de bains et tira de toutes ses forces pour essayer d'empêcher le monstre de l'attirer vers lui. Elle donna en même temps des coups de pied sur la main qui tenait sa cheville.

Encore un coup bien placé. Tooms la lâcha une fraction de seconde. Dana réussit à se dégager.

Toujours couchée sur le dos, elle rampa et voulut pivoter pour attraper son arme près de la baignoire.

C'est alors qu'elle observa le phénomène. Il n'était pas encore complètement dégagé du conduit d'aération, mais ses mains étaient à sa hauteur ! Tooms était totalement déformé, comme du chewing-gum. C'était scientifiquement impossible, monstrueux. Scully, horrifiée, ouvrit la bouche pour crier, mais n'en eut pas le temps.

Tooms jaillit hors du conduit et sauta sur elle de tout son poids, la plaquant au sol.

Dana se débattit mais le monstre était trop fort pour elle. Il se mit à cheval sur sa taille et essaya de l'immobiliser. Ce démon avait la force de dix hommes. Il puait la transpiration et la bile.

Scully essaya de rouler sur le côté pour le déséquilibrer, mais Tooms ne broncha pas. Il lui attrapa le menton et leva le poing. Dana comprit ce qu'il allait faire : l'assommer pour qu'elle ne remue plus. Ainsi il pourrait prélever ce qu'il était venu chercher.

Scully ne savait pas si elle avait encore la force de cogner, mais elle décida de tenter le tout pour le tout. Quitte à mourir, autant mourir en se battant.

Elle lui colla un uppercut au menton. Tooms vacilla.

Il pouvait donc ressentir la douleur, être blessé !

Cela redonna du courage à Dana. Tel un chat, elle se débattit, griffant, remuant dans tous les sens. Il fallait qu'elle l'aveugle, il fallait qu'elle atteigne ses yeux !

Tooms poussa un hurlement de colère et lui attrapa les poignets.

Dana cria de douleur. Le monstre lui plaqua les bras au sol, au-dessus de la tête, en utilisant une seule main.

Ses yeux étaient jaunes et brillaient. Il avait faim. De sa main libre, il commença à arracher les vêtements de Scully au niveau de son foie tout en grognant de contentement.

Le cœur de Dana battait si fort qu'il lui faisait mal à la poitrine. La panique la plus absolue la saisit.

C'était le moment. Elle savait ce qui allait se passer. Tooms allait lui faire subir la même chose qu'à Usher, à Werner et aux autres. Il allait la tuer pour pouvoir vivre.

Et elle ne pouvait plus rien tenter pour l'en empêcher.

# CHAPITRE 17

Mulder donna un grand coup de pied dans la porte. Le choc lui fit mal à hurler. Pourquoi fallait-il que Dana ait acheté une porte si solide ? Merde ! Ce panneau était comme de l'acier.

Il recula et donna un autre coup. Cette fois-ci, la porte commença à céder. Il se jeta de toutes ses forces contre celle-ci et elle s'ouvrit.

Mulder sortit immédiatement son arme et se glissa dans l'appartement. Tout était sombre.

— Scully, où es-tu ? cria-t-il.

Un son étouffé lui répondit.

Il alluma la lumière du salon.

Personne. Tout était en place, pas de trace de bagarre.

— Scully ?

Des cris étouffés. Mais à présent, Fox repérait d'où cela venait : la salle de bains !

Il fonça. Curieusement, il ne remarqua pas

Tooms tout de suite. Il vit d'abord la seule chose qui lui importait pour le moment : Dana. Elle était encore vivante !

Puis Mulder aperçut Tooms. Le monstre le remarqua également et relâcha sa proie. Il se tourna vers la petite fenêtre.

Un bruit de verre cassé. Le poing du tueur avait atteint le vasistas. Son bras s'allongea démesurément et il s'agrippa au rebord de la petite fenêtre. Il commença à se hisser.

Mais Scully se redressa immédiatement. Elle n'avait pas l'intention de laisser Tooms leur échapper encore une fois. Elle lui joua le même tour qu'il lui avait joué quelques minutes auparavant, plongea et lui attrapa les jambes.

— Les mains en l'air, on ne bouge plus ! hurla Mulder en pointant son arme vers le criminel.

Mais il ne pouvait pas faire feu, car Dana se tenait sur Tooms !

Fox poussa un cri : le monstre se retourna avec une souplesse inhumaine.

Il saisit Scully à la gorge et la repoussa en arrière.

Mulder comprit alors à quel point ce type était puissant. Il allait briser la nuque de Dana avec une seule main et en quelques secondes !

Rapidement, Mulder attrapa la paire de menottes qui pendait à la ceinture de son pantalon. Il plongea sur Tooms mais ne fut pas assez rapide pour les lui passer.

Le monstre abandonna Scully et, tel un taureau furieux, fonça sur Fox qui tomba au sol sous le choc.

Mulder roula, donna un coup de pied. Mais Tooms ne sembla rien sentir. Mulder savait que si ce type arrivait à l'attraper, c'était lui et non Dana qui lui servirait de repas ! Il fallait qu'il réagisse vite, qu'il ne réfléchisse plus et qu'il laisse son instinct agir. Après tout, on l'avait entraîné à se défendre... mais pas contre ce genre de monstre... pas contre un homme aussi fort qu'un gorille.

Tooms se tenait maintenant au-dessus de lui et rugissait comme une bête fauve. Sa main changea soudain de forme et s'allongea jusqu'à ressembler à un couteau. Il leva cette arme de chair au-dessus de sa tête et s'apprêta à frapper Mulder.

Scully sauta sur Tooms, lui attrapa l'autre main et ramassa les menottes que Fox avait laissées tomber.

Avant qu'il ait pu comprendre ce qui lui arrivait, Tooms avait une main attachée au radiateur de la salle de bains.

Immédiatement, Fox se redressa et repointa son arme sur le monstre. Tooms tirait sur la menotte, mais il avait beau faire, le bon vieux modèle du F.B.I. était solide.

Petit à petit, le criminel arrêta de s'agiter.

Fox, son arme toujours pointée vers lui, demanda à Scully :

— Ça va ?

Elle tremblait de la tête aux pieds et était pâle comme un linge, mais elle lui fit signe que ça allait.

Mulder indiqua son prisonnier :

— J'ai l'impression que notre ami va devoir se passer de dessert, cette année !

Pour la première fois de la journée, Dana sourit.

# CHAPITRE 18

Le soleil du petit matin passait entre les lames du store vénitien de la petite chambre dans la maison de retraite Lynne Acress. Frank Briggs s'était installé comme chaque jour pour lire son journal. Il se trouvait dans son fauteuil roulant, seul, bien entendu. Il ne pouvait plus faire grand-chose pour faire bouger l'actualité ou les faits divers, mais au moins il avait la possibilité de se tenir au courant.

Il se sentit infiniment triste en voyant le gros titre :

CONSÉQUENCES DU « NETTOYAGE » ETHNIQUE

Au milieu de l'article correspondant se trouvait une photo. C'est tragique, pensa Briggs. L'horreur sera donc sans fin ? Quand les hommes arrêteront-ils de se faire ainsi du mal les uns les autres ?

Il soupira et secoua la tête avec une infinie tristesse, puis tourna la page et changea d'expression en voyant l'article en page deux :

UN SUSPECT ARRÊTÉ DANS L'AFFAIRE
DU TUEUR EN SÉRIE DE BALTIMORE.

Juste sous le titre, il y avait un cliché : Tooms, Eugène Victor Tooms !

Le vieux flic dut faire un effort pour ne pas fondre en larmes en lisant l'article qui suivait. Deux agents du F.B.I. avaient arrêté le maniaque. Tooms, le monstre sanguinaire, était derrière les barreaux. Ils avaient réussi ! Ces deux jeunes gens avaient réussi à boucler une enquête qu'il avait commencée en 1933 !

Briggs haussa les sourcils : finalement, il les avait aidés, il avait donc changé quelque chose, agi sur le monde d'aujourd'hui !

Dans la petite cellule de l'hôpital psychiatrique de l'Etat du Maryland, Eugène Victor Tooms lisait le journal, assis sur son lit. Le même journal que Briggs. Il regarda longuement son portrait, puis commença à déchiqueter consciencieusement la page.

Tooms prit un des bouts de papier, le passa sur sa langue, puis le plaqua au mur. Le morceau de journal glissa par terre... et tomba sur un petit tas de bouts de papier humides.

Le criminel prit un autre morceau, et le lécha

avec délices. Il regarda le mur. Cet endroit commençait déjà à ressembler au 66 Exeter Street.

Mulder se tenait à l'extérieur de la cellule de Tooms et l'observait par le judas prévu pour la surveillance des malades. La porte était en métal, la serrure à toute épreuve. Tooms était sous les verrous, alors pourquoi se sentait-il si angoissé ?

Fox l'observait tandis qu'il déchirait le journal et formait un amas de papier le long du mur. Il y avait quelque chose de fascinant dans ce spectacle, de terrifiant aussi... Mulder était plongé si profondément dans ses pensées qu'il n'entendit pas Scully arriver derrière lui.

— Salut !

Il sursauta, se reprit et lui indiqua Tooms.

— Regarde-le, il est déjà en train de se construire un autre nid. C'est monstrueux.

La simple vue de Tooms fit frissonner Dana. Mais elle était venue le voir pour se convaincre qu'il était sous les verrous et ne pouvait plus nuire...

... Quatre-vingt-dix ans après le début de ses agissements diaboliques !

— J'ai rempli toute la paperasse, dit-elle. Ils ont nos dépositions, les pièces à conviction sont numérotées et classées. Le Bureau de Baltimore va continuer le travail.

Mulder ne répondit rien.

— Colton a essayé de tirer la couverture à lui

dans cette affaire, continua-t-elle. Mais ses supérieurs s'en sont aperçus. Mal lui en a pris, il s'est fait virer de la section criminelle. Peut-être qu'il y a une justice, après tout. Ils l'ont réassigné à Sioux Fall, un poste dans un bureau. Il va adorer ça !

Dana ne put s'empêcher de sourire.

Fox haussa les épaules. Il s'en moquait. Il ne s'était jamais intéressé à Colton.

— Mulder, fit Scully, cherchant désespérément à attirer son attention, je crois que tu seras content d'apprendre que j'ai demandé à ce qu'on fasse des examens génétiques sur Tooms. L'examen médical préliminaire montre déjà des anomalies très étranges au niveau de son squelette et de son tissu musculaire.

Mulder esquissa un sourire :

— Je n'avais pas besoin d'un examen médical pour deviner cela !

Dana continua comme si elle n'avait pas entendu :

— Tooms a un métabolisme étrangement lent. Il semble que son organisme ralentisse de façon totalement anormale durant son sommeil... Hé, Mulder, est-ce que tu entends ce que je te dis ?

Dans la cellule, Tooms passa la langue sur un autre morceau de journal.

— Oui je t'ai entendue, Scully, répondit enfin Fox. Mais je pensais à tous ces pauvres gens qui croient être en sécurité parce qu'ils ont fait mettre des barreaux aux fenêtres de leur habitation. Que d'argent gâché inutilement ! Pense à tous ces systèmes de sécurité qu'on a mis au point, à tout ce fric! Et ensuite, regarde ce type. Moi, je l'observe et je me dis : rien ne peut nous protéger contre quelqu'un dans son genre.

Scully posa la main sur l'épaule de son partenaire et murmura :

— Allez, viens, il faut partir.


Eugène Victor Tooms entendit Mulder et Scully s'éloigner dans le couloir. Il continua son petit manège, et mouilla avec de la salive un autre bout de journal qu'il allait ajouter à son nid. Il s'arrêta en entendant de nouveaux bruits de pas de l'autre côté de la cellule.

Une fente s'ouvrit dans la porte et un garde glissa un plateau-repas.

Tooms se leva et prit le plateau.

Il s'assit sur son lit et ne regarda même pas la nourriture.

Il avait déjà bien mangé, ces derniers jours; il avait assez mangé pour rester en vie.

Soudain, il se mit à scruter la fente de la porte plus intensément. Le garde l'avait laissée ouverte pour qu'il puisse y glisser le plateau une fois qu'il aurait fini son repas.

Tooms écouta le garde s'éloigner...

Ses yeux devinrent jaunes, lumineux. Il regardait fixement la lumière qui passait par la petite ouverture.

Il sourit. C'était vraiment une fente étroite : elle devait faire dix centimètres sur trente au maximum... mais cela n'était pas vraiment un problème.

... Cette situation ne présentait pas de difficultés quand on était, comme lui, un expert en compressions...

# Cinéma

Livre après livre, film après film, J'ai lu édifie l'étonnante bibliothèque du cinéma.

Les titres sont présentés par ordre alphabétique.

# Cinéma

Composition Euronumérique
Achevé d'imprimer en Europe (Allemagne)
par Elsnerdruck à Berlin
le 10 février 1997.
Dépôt légal février 1997. ISBN 2-290-04347-8
1ᵉʳ dépôt légal dans le collection :
septembre 1996

**Éditions J'ai lu**
**84, rue de Grenelle, 75007 Paris**
*Diffusion France et étranger : Flammarion*